Planeta Eso

Humor i Sàtira, 30

Empar Fernàndez / Judit Pujadó

PLANETA ESO

Premi Pere Quart d'Humor i Sàtira

Patrocinat per

Ajuntament de Sabadell

EDICIONS
La campana

El jurat format per Josep-Ramon Bach, J. M. Espinàs, Josep Faulí, Feliu Formosa, Sílvia Oliver, Ignasi Riera i Joan Ripoll acordà atorgar al llibre *Planeta Eso*, d'Empar Fernàndez i Judit Pujadó, el Premi Pere Quart d'Humor i Sàtira 2002, patrocinat per l'Ajuntament de Sabadell.

1a edició: novembre de 2002
3a edició: febrer de 2003

Balmes, 65, 4t, 1a
08007 Barcelona
Tel.: 93 453 16 65 / Fax: 93 451 89 18

Disseny i il·lustració coberta: SERIFA

ISBN: 84-95616-27-0
Dipòsit legal: B. 9.602 - 2003
Fotocomposició: EdiGestió (Barcelona)
Imprès a Romanyà/Valls. Capellades (Barcelona)

A qui sospita que ensenyar és,
si fa no fa, tan difícil com aprendre.

Per a la Mari Creu Pascual,
in memoriam.

«No arribo a entendre per què,
essent els nens tan intel·ligents,
els adults són tan babaus.
Deu ser fruit de l'educació.»

ALEXANDRE DUMAS, fill

Pròleg
De lectura imprescindible

Som conscients que el títol d'aquest llibre pot induir a engany o estimular falses expectatives. És ben sabut que els lectors pertanyen a una espècie que cal protegir, constitueixen un grup insòlit que cal preservar i, especialment, no desanimar amb paranys. Podríem coincidir sense manies amb Montserrat Roig quan afirmava, ja fa un grapat d'anys, o més recentment amb Quim Monzó i Mario Vargas Llosa, que per lluitar contra l'abandonament progressiu de la lectura caldria prohibir la literatura. O potser n'hi hauria prou d'il·legalitzar-la. En tot cas, nosaltres, càndides per un capritx del genoma i indesmaiables per pura morbositat, apostem encara pel paper i la lletra impresa i confiem en el futur, que, en aquest sentit i en molts altres, difícilment pot empitjorar.

Planeta Eso no és un llarg tractat sobre la qüestió, a hores d'ara un xic embafadora, de la Reforma Educativa. No analitza tampoc des d'una perspectiva humorística la discutible Llei de qualitat que acaba de ser aprovada pel Consell de Ministres i que sembla que ens ha de treure de la mediocritat i del conflicte permanent com si es tractés d'un beuratge de propietats al·lucinatòries.

Res a veure tampoc amb la desesperançada *Petita crònica d'un professor de secundària* de Toni Sala que durant tantes i tantes setmanes ha estat al capdamunt de les llistes de vendes. Tot i que sovint les nostres paraules semblin impregnades pel desànim no és aquesta la intenció d'aquest llibre, que, tot i treure punta a la realitat escolar a la secundària, no pretén plantejar una anàlisi rigorosa ni una avaluació exhaustiva del procés ni dels recursos.

També creiem que bona part dels problemes que vivim dia a dia a les aules es gesten fora, al món exterior, més enllà de la tanca de l'institut, al carrer, al centre comercial, a les cases, al sofà del menjador... Molt més enllà del propi sistema educatiu.

Què és, doncs, *Planeta Eso*? Molt senzill. És un *divertimento*, un llibre escrit amb el propòsit de distreure les nostres ments de la feixuguesa de la feina quotidiana, una forma de girar el mitjó descolorit i ja força atropellat de l'ensenyament secundari obligatori. Un recull comentat de tot allò que vivim un dia rere l'altre que potser farà reflexionar més d'un sobre l'adequació del nostre sistema educatiu a una realitat cada cop més complexa.

Altres han parlat de la sanitat, de la ràdio o de la televisió, nosaltres ho faren d'allò que coneixem, l'ESO. Explicarem les rucades, les topades, les genialitats, les troballes, en definitiva, els amors i els desamors que germinen al món, cada cop més divers, de la secundària obligatòria. Amb moltes hores de guix i pissarra en el nostre currículum hem decidit parlar de feina, de la nostra feina.

El resultat, no ho oblideu, no és un assaig, ni un tractat, ni tan sols una exposició objectiva d'una realitat, sinó una paròdia, i així és com volem que la llegiu. Aquestes pàgines tenen ben poc a veure amb un estudi científic o paracientífic, ni tan sols un xic esotèric. *Planeta Eso* no és un llibre de denúncia, no neix amb aquest propòsit. No pretenem parlar de les marcades preferències institucionals envers l'ensenyament privat i concertat ni ens proposem denunciar els cada cop més freqüents episodis de xenofòbia. Passarem per alt les agressions patides per alumnes i docents i no farem esment del sexisme imperant a les aules ni dels cada cop més nombrosos casos de depressions que es diagnostiquen any rere any a professors d'ESO. *Planeta Eso* no és una nova *Antología del disparate*, obra que aprofitem per recordar i homenatjar amb un somriure i que tan bons moments ens ha proporcionat. Tampoc ens ha seduït la idea d'elaborar una tesi per tal d'excel·lir al si de la comunitat educativa, sinó el desig de riure'ns del mort i de qui el vetlla. A hores d'ara, però, encara no sabem si en aquesta funció ens toca el paper de cadàver o el de supervivent.

Un llibre molt semblant hauria pogut escriure's anys enrere i podrà, evidentment, ésser escrit d'aquí a un temps pels nostres successors. Perquè, tal com afirma sense embuts normatius, i passant de particularitats idiomàtiques, un alumne dotat d'una saviesa essencial, «*Everywhere they boil beans*» («En todas partes se cuecen habas»).

Val a dir que hem treballat a partir de la nostra experiència directa i de la de les persones del nostre entorn laboral proper, l'ensenyament secundari obligatori públic, que ens han proporcionat el material en el qual es basen aquestes pàgines. Tot el que hi trobareu o bé és cert, sense exageracions ni descontextualitzacions, o bé és una aproximació molt fidel a l'esdeveniment que ens ha estat explicat. Professors engrescats a recordar i a compartir un somriure, alumnes que protagonitzen una anècdota hilarant i te l'expliquen amb total complicitat, pares desconcertats, bidells estupefactes... tots plegats els trobareu a *Planeta Eso*. Hem recollit també materials que circulen per la xarxa i dels quals desconeixem la procedència així com la seva veracitat.

Parlarem a bastament dels alumnes, protagonistes absoluts de *Planeta Eso*, dels pares i dels professors. Explicarem algunes de les coses que passen al llarg del curs escolar a l'interior d'un Institut d'Ensenyament Secundari (IES), des del tentinejant començament a mitjan setembre fins a l'organització del viatge de fi de curs o l'esperada arribada de les vacances escolars. Esmenarem treballs, corregirem exàmens, planificarem i realitzarem sortides i acabarem, exhaustes i estressades, posant notes.

D'altra banda –i ja anem acabant–, qualsevol activitat –laboral, esportiva, domèstica...– provoca situacions humorístiques inherents al context en què tenen lloc. Hi ha situacions divertides en tots els àmbits de l'activitat humana i només cal que algú es preocupi de recollir-les. Resulta, i així ho volem fer constar, un exercici molt saludable. Si algú té algun dubte d'aquesta agosarada afirmació que ho pregunti a aquella cantant d'òpera que, després de lluir-se en les notes més greus de l'Havanera de *Carmen*, i de deixar l'auditori bocabadat amb l'ària de *Samsó i Dalila*, va ser felicitada per una senyora molt amable que li preguntà encara trasbalsada per l'emoció:

–I tu nena, què ets?

–Mezzosoprano –va respondre la interpellada, un pèl decebuda per la manca de coneixements de la gentil admiradora que no havia estat capaç de reconèixer el seu registre de veu.

–Doncs, segueix-ho intentant, que arribaràs a soprano, filla –va rematar la dona carregada d'immillorables intencions.

L'edat del *pavo*

La LOGSE va determinar que els nens i les nenes de dotze anys, en acabar l'ensenyament primari, passessin a estudiar en un IES fins als setze anys. Aquest fet ha transformat els professors en espectadors d'excepció de l'atropellat i turbulent trànsit que suposa la superació de la preadolescència i l'arribada de l'adolescència. D'aquests individus recalcitrants, a mig camí entre la infantesa i l'edat adulta, us en parlarem al llarg de les properes pàgines.

L'etapa vital que va, aproximadament, dels temuts dotze als horripilants setze –si fa no fa els anys que abasta l'ESO– és difícil, inacabable i plena de contradiccions. Subscrivim aquesta afirmació des de la doble experiència d'haver estat adolescents i conservar-ne memòria, i d'exercir com a professores que tracten dia a dia amb aquestes contradictòries criatures. Volem precisar que aquest període, conegut popularment com l'edat del *pavo*, que donem per superat sense cap garantia quan l'individu assoleix una edat determinada, és un espai de temps ambigu i d'una elasticitat sorprenent que potser requeriria un control mèdic exhaustiu. Una mena de revisió que hauria de figurar obligatòriament al carnet de vacunacions i que els pares i les mares podrien emmarcar un cop superat el trànsit adolescent, al costat, si s'escau, del Graduat en ESO o de la Llicenciatura en Sociologia, Medicina o Telecos.

No tothom supera dignament ni en una data previsible aquest trànsit tumultuós, i potser caldria emetre un certificat que assegurés als seus contemporanis que la prova ha estat superada i l'edat difícil ha quedat enrere. Una mena de graduat en edat del *pavo* que certifiqui que el subjecte és capaç d'establir relacions normals i fluides amb el proïsme. Hi ha mansos de trenta, i de quaranta i escaig fins i tot, Peter Pans en plantofes, hipoteca i ordinador portàtil, que no l'obtindrien per incapacitat manifesta.

Podeu parlar, discutir, reflexionar, serà inútil. No ens podreu convèncer, no hi ha arguments que puguin demostrar que l'adolescència no és una malaltia més, com el xarrampió o les galteres, però amb una simptomatologia singular, dinàmica, confusa, inconcreta, inabastable i desbordant. Això sí, l'adolescència és molt més llarga i molt més traumàtica que la varicel·la o la fractura d'un braç, posem per cas.

Els professors d'ESO sovint ens sentim superats, lligats de peus i mans, perplexos, consternats... I en tota l'estona que dura el nostre exercici professional no sortim d'aquest estat de constant estupefacció. Ja no parlem de la família que té un fill adolescent i que esdevé un grup caòtic i inestable en el qual els pares funcionen com poden i intenten, també com poden, conèixer el nou individu que es cova imparable dins el nen que tenien. Tota semblança entre l'infant, assenyat o no, que els pares recorden i el desconegut hermètic de cames llargues que llueix un desvalgut borrissol al llavi superior o un grapat de grans purulents entre les celles, no passa de pura coincidència.

Els germans petits, que sempre han estat un entrebanc simpàtic, són per a l'adolescent un destorb que cal ignorar i en situacions de crisi esdevenen l'objectiu propici de les ires més incontenibles. La vida familiar amb l'intrús que menja com una llima i no bada boca es trastoca, es converteix en un petit infern i, no us enganyeu, no hi ha bitllet de tornada.

L'edat del *pavo* és una mena de grip vital que s'ha de passar i no hi ha vacunes, píndoles, herbes o encanteris que t'ajudin a superar-la. És capaç de transformar la noia més equilibrada en un manat de nervis, en un ésser irracional que riu escandalosament per una cosa que no té cap mena de gràcia, i que és capaç de convulsionar-se, enrojolar-se i ofendre's pel comentari més innocent. Tot això mentre mira de cua d'ull un xicot que aparentment *passa molt*.

Una àrea molt petita situada al bell mig del cervell és la responsable d'aquest daltabaix físic i psicològic que suposa la pubertat. L'hipotàlem controla la secreció de les glàndules encarregades de lliurar al corrent sanguini quantitats variables d'estrògens i de testosterona, les hormones encarregades al seu torn de fer que l'adolescent visqui al llarg d'uns anys dalt d'una muntanya russa. Nits inquietes i dies pitjors, això és créixer. Dubtes, angoixes existencials i els complexos més estrambòtics adornen aquest període, que ja ens direu si no és com una malaltia. Creixen els pits i el penis –que sembla adquirir vida pròpia–, s'eixamplen els malucs, canvia la veu, s'estiren els ossos, el cos es recobreix selectivament de pèls... I el sexe envaeix el cervell (les primeres ereccions espontànies o no, les pol·lucions nocturnes, la masturbació). No ens atrevim a parlar d'un pensament únic; ans al contrari, d'un únic pensament. Elles somien, encara ara, amb un príncep blau celest, i ells, que estrenen virilitat, es creuen els reis del mambo.

El que és més sorprenent és que, superat o no aquest període, el noi produirà espermatozous i la noia haurà conegut el càstig bíblic que suposa menstruar. Atenció!, agafeu-vos, d'ara en endavant estan preparats físicament per esdevenir pares o mares. L'úter de la noia serà capaç, si així s'escau i esperem que no, d'acollir un embaràs i el noi tindrà la facultat de fecundar.

Nosaltres, que fa anys que hem deixat enrere la trentena, pensem tot sovint que encara no hi estem preparades, que ens ha agafat massa joves, això de ser mares. Mai no ho fas prou bé, sempre l'espifies facis el que facis. I aquests xicots i xicotes que encara admiren l'Alejandro Sanz, perden l'oremus per la Chenoa, flipen amb els Pets, o es deixen enlluernar per la darrera videoconsola, poden ja reproduir-se.

Els adolescents, els *pavos* o les *paves* (apel·latius gens pejoratius que els mateixos nois i noies utilitzen per al·ludir a la gent de la seva edat), menyspreen els adults i creuen tenir al seu abast la veritat en el seu estat més pur. Ignoren que la veritat, com la mentida, no existeixen en termes absoluts, són un invent com allò dels bons i els dolents. I en cas d'existir, convé conèixer-la?

Pensen que els adults són egoistes, poc sensibles, ja no carrosses sinó cretàcics, i que en general són tan estúpids que han fet malbé la seva vida, cosa que ells –la possibilitat els ofèn– no faran mai.

Sovint, en aquest afany de tenir-ho tot molt clar i de fer-ne ostentació pública, que és el que realment importa, fan afirmacions de caire molt radical tant pel que fa a la política, com a l'ètica personal, a la religió o a les seves expectatives de futur. La qüestió que es tracta no és el més important, i així com els membres d'una tertúlia radiofònica, nois i noies se senten capaços d'opinar sobre qualsevol cosa. Tot és blanc o negre, no coneixen encara el predomini del gris en tots els seus matisos i tonalitats. Formulen afirmacions escandaloses per provocar i per afirmar-se, de forma que en un debat poden fer les propostes i asseveracions més eixelebrades i estrafolàries:

«Jo, si em caso, serà per a tota la vida», va manifestar una alumna de segon curs, filla de pares mal separats, mentre s'enrojolava tan intensament que va ser convidada per la professora a sortir de l'aula per tranquil·litzar-se.

Algunes de les seves companyes, en perfecta comunió de sentiments, corejaven a l'uníson, en una escena digna del surrealisme més agosarat: «I jo, i jo, i jo», mentre ells, els nois, que hi passen tard però hi acaben passant, per la vicaria, manifesten a crits i llargues xiulades la seva disconformitat i el seu rebuig. Udolen, piquen de peus a terra i afirmen sense rubor que no es deixaran atrapar mai.

Les noies són, amb algunes excepcions, unes romàntiques irredimibles. El romanticisme és una dolència lleu i de símptomes inequívocs que es guarirà també amb el pas del temps i sobretot dels homes –que sempre han estat de gran ajut–. Cal tenir present la col·laboració inestimable de la realitat tal com és, d'unes quantes arrugues, d'un bon grapat de decepcions i d'uns quants quilos no sempre ben posats.

«Jo els matava a tots», afirma un noi de catorze anys, un acne cruel al rostre i poc més de metro cinquanta. Vesteix uns anacrònics pantalons de xandall dues talles massa petits que se li arrapen als turmells i unes esportives dos números més grosses del que li pertoca, té una retirada a Popeye, el mariner. Ha adoptat per voluntat pròpia l'estètica d'un *skin* i els seus judicis immediats. Creu que ho té així de clar i ho manifesta amb el desvergonyiment d'un paó vanitós que llueix el seu plomatge cridaner davant d'una cohort de femelles que cal seduir. Aquesta mateixa afirmació radical li serveix tant si parla del terrorisme, de la pederàstia, dels violadors, de l'adulteri, dels immigrants –amb papers o sense– de la classe política en general o de l'equip de futbol que considera el seu enemic.

Aquesta mena d'intervencions i d'altres de calibre semblant poden destrossar un debat o convertir-lo en una batalla acarnissada, ja que, sigui quin sigui el tema, trobarem indefectiblement nois i noies *pro* i *anti*, i tant és que es parli de la pena de mort, de la reinserció, del deute extern, de la clonació o del sexe dels crancs de riu. Cal tenir una opinió i no importa gaire si es contradiu o no amb la teva vida, l'opinió sovint és anterior a la idea, i no s'hi pot fer més.

Hi ha excepcions, poques, però en coneixem unes quantes. Noies reflexives, nois que s'interessen per tot i que formulen preguntes per a les quals ningú té encara resposta. Alumnes que no només escolten, sinó que no et treuen els ulls de sobre mentre parles i que et segueixen amb la mirada allà on vagis. Visca la diversitat!

De vegades proposen solucions màgiques, no sempre exemptes de lògica ni mancades de raó, a problemes tan antics com la fam al món, la malaltia, la guerra... Només cal portar menjar als pobles subdesenvolupats, donar medicines als malalts o treure les armes als combatents i llançar-les al fons del mar. Ànimes càndides que ignoren l'existència de tantes i tantes coses que una, plenament conscient de la seva limitada condició humana, és incapaç d'explicar, tot i que no deixa de provar-ho.

El gaspatxo hormonal que els envaeix sembla dur incorporat un sentit ben estrafolari de la justícia i una visió idíl·lica del seu futur, però el present no és tan perfecte com tenen previst que sigui l'esdevenidor, i d'això ja en tenen, per desgràcia, alguna pista. Sovint la desorientació és tan intensa que cal una guia, un manual d'instruccions per anar per la vida. Les noies, hem constatat a bastament, hi tenen més tirada i consulten publicacions del gènere –per anomenar-ho d'alguna manera:

– Astrològic: tu i les estrelles, les estrelles i tu, els signes i l'amor, què et depara el 2002 –i així any rere any.

– Indagatori: indescriptibles tests que mesuren la fidelitat, el teu xicot t'estima?, com saber si pensa en una altra?, què cal fer per seduir-lo?, com reconèixer l'home de la teva vida... i altres disbarats de quiosc.

– Endevinatori: com és el teu home ideal?, és compatible amb tu?, la teva pedra de la sort és..., els colors que més t'afavoreixen són...

– Introspectiu: per què ets una noia especial?, què et fa diferent i única?, què és el que els altres admiren de tu?, com és la teva personalitat?, que faries si...?

... i d'altres ximpleries d'aquest estil, o pitjors, que són objecte de mercadeig furtiu i de contraban soterrat convenientment sancionats dins les aules. Portades cridaneres per a pàgines i pàgines de no-res que sovint són requisades pel professor encaparrat que els seus alumnes acabin el curs dominant els maleïts pronoms febles.

L'home, tot i adolescent, trepitja fort –o ho fa veure– i *passa* d'aquesta mena de tebeos. S'estima més fer maniobres estranyes sota la taula amb el diari esportiu, la revista porno o la darrera publicació de jocs per ordinador. Si les llegeix, i segur que ho fa, no en fa mai pública ostentació. No sigui cas que no torni a veure el seu preuat exemplar del *Playboy*. El porno no només és requisat, sovint va acompanyat d'una trucada als pares. El noi acaba considerant amb encert que tampoc és qüestió de buscar-se més problemes dels que ja té, que no són pocs. Ja trobarà millor moment per cercar la pau amb el seu torrent sanguini.

Els adolescents estan convençuts, i ho manifesten sense embuts, que els trenta queden molt lluny i que una persona que arriba a aquesta edat és gran, molt gran, un vell amb no gaires coses per viure i que n'entén poques, molt poques. No ens negareu que tenen un punt de crueltat manifesta que només podem justificar si pensem que fa quatre dies eren nens i nenes que flipaven amb l'Action Man o amb la Barbie esquiadora. Ignoren encara que el temps passa molt aviat i que els trenta estan a l'aguait, esperant traïdors a la cantonada, i els saltaran a sobre en un tancar i obrir d'ulls. Tant és així que fan referència als seus pares, que de vegades tot just acaben de fer els quaranta, en termes que, si bé no ens atrevirem a anomenar despectius, són evidentment millorables. Pares i mares de cossos saludables i bona presència tenen el plaer de passar a ser, com sortits del túnel del temps, mi viejo... mi vieja... els meus vells.

Freud, que igual interpretava un acudit com aclaria el significat d'un somni o explicava el sentit d'un lapsus, de ben segur tindria alguna cosa a dir de l'abisme generacional que les paraules traspuen.

El desgavell que generen les ben evidents alteracions físiques que els nois i les noies pateixen durant la pubertat i que afecten no només els seus genitals sinó que s'estenen a les aixelles, als malucs, al bigoti o a la veu, va acompanyat de canvis d'humor tan sobtats i desconcertants que cal tenir certa destresa, i molts anys de feina a l'esquena, per saber-los encaixar amb la mirada ben alta, el rímel intacte i sense despentinar-se. Perquè l'alumna de tretze anys que fa un moment flirtejava i reia escandalosament amb la seva companya al bell mig del passadís, de cop i volta i sense cap motiu aparent, esclata en un plor sorollós i amanit amb petites convulsions. Per acabar-ho d'adobar a la pregunta de la professora, «Què tens? Que et trobes malament, Sònia?», el còctel hormonal, que vesteix top de floretes, llueix ungles blaves i verdes, un floc de cabells de color violeta sobre l'ull dret, *piercing* a la cella i faldilla molt curta sobre uns pantalons hiperbòlicament acampanats respon:

–M'ha vingut així, no sé... de cop i volta. De vegades em passa que necessito plorar. No, no em passa res, són les ganes de plorar.

La professora en qüestió, sol·lícita i sabedora que el passadís i el lavabo són espais de recolliment interior comparables al claustre d'un monestir i que faciliten l'assossegament i la relaxació dels nois i les noies emocionalment més recalcitrants, li aconsella, agafant-li la mà i convidant-la a aixecar-se, la pràctica de les pertinents i no pas per antigues menys recomanables, ablucions:

–Vés un moment al lavabo i et passes una mica d'aigua. Et trobaràs molt millor. Quan estiguis més tranquil·la, tornes.

No ha tingut temps l'alumna sobtadament desconsolada d'aixecar el cul de la cadira que, en menys del que es triga a pensar-ho, una col·lega, la més ràpida de l'oest –amb mocadoret al cap, fantàstica i descomunal plataforma als peus i una ratlla als ulls que riu-te'n de la Morticia Adams–, pregunta:

–La puc acompanyar?

La interfecta, que s'autoproclama «millor amiga» amb la serenitat i el convenciment del que ostenta un ministeri, afegeix acostant-se a la professora:

–És que té problemes.

La «millor amiga», figura essencial i antiga com el món, amb els dits carregats d'anells, una calavera al mig de l'escot, ombra violeta a les parpelles, sabates sortides d'una sabateria ortopèdica i melic descobert, s'acosta a l'alumna encara plorosa amb cara de total aflicció, com si des d'aquest precís instant compartís solidàriament la seva pena.

La professora, un xic reticent, hi accedeix. De vegades no cal encaparrar-s'hi. A hores d'ara sap molt bé que les amistats són necessàries i capritxoses, que ara són íntimes i l'endemà no es parlaran, i que les coses són així i ho han estat tota la vida. Tots hem passat per aquests tràngols. La professora, que comença a patir els daltabaixos que el seu ginecòleg atribueix a una premenopausa demolidora, gairebé ja no se sorprèn per res. Ha pogut veure les més inseparables companyes, amigues des de la guarderia, ignorar-se durant setmanes per una divergència del gènere «Per què li has dit que m'agradava si era un secret?»

I és que la víctima de la traïció no és conscient que la seva amiga no ha fet altra cosa que el que s'esperava d'ella, fer de pont, obrir una via, *largar el rollo* al xicot que li té el cor robat. Per a això són els amics, i les amigues, per fernos costat. O no?

Aquestes noies que abandonen la infantesa entre rialles desaforades i, caminant a gambades, s'endinsen en el món complex i contradictori dels adults, són sovint d'un sentimentalisme corprenedor. Una d'elles, alumna de darrer curs d'ESO, s'acosta per Sant Jordi a la seva professora i en el to de confidencialitat que fan servir molt excepcionalment i que precedeix un secret important, diu amb complicitat: «Sap què li regalo avui al meu nòvio?»

La professora es transmuta perceptiblement en pasta de moniato quan sent perplexa que en lloc del llibre o el còmic habitual l'alumna diu amb un somriure:

–Uns calçotets.

I afegeix desimbolta davant de l'estupefacció que la veterana profe no aconsegueix amagar:

–Però no uns calçotets qualssevol, aquests tenen «ositos».

Aquestes són les mateixes noies desconcertades i desconcertants que adopten un posat agressiu, ferotge, accelerat, com si la vida s'acabés ja i calgués cremar cada minut. Coneixen el sexe a través dels llibres, dels crèdits que cursen a l'escola, dels amics, de la tele, de la vida, però diuen cercar l'amor de veritat, el que ha de durar sempre i no decaure mai, el de les melindroses pel·lis americanes.

No sempre parlen amb els pares –i menys encara de sexe–, que aparentment han vingut a aquest món amb l'exclusiva funció de destorbar, de fer preguntes irritants que ni per un moment els passa pel cap respondre i d'estalviar diners. Total, per què pregunten, pensen de comú acord nois i noies, si no entenen mai res, pateixen dia i nit i t'esbronquen a la mínima. I quan s'hi esforcen és encara pitjor.

Detesten la hipocresia i la mentida i les consideren, i no s'estan de dir-ho, pròpies dels adults. Els arbres oculten miserablement el bosc i, a poc a poc, com si es tractés d'un ritu iniciàtic, en pocs anys esdevenen uns experts, uns virtuosos de la farsa, uns joves saltimbanquis de la ficció. Davant de la incomprensió paterna s'imposa disfressar la realitat, fer-la més digerible, suavitzar-la. Tampoc han descobert res de nou. Qui més qui menys, i parlem amb coneixement de causa, ha tingut en aquest sentit una adolescència força creativa i ha manifestat un bon domini de l'art d'inventar boles.

Els adolescents mantenen unes relacions difícils amb els pares, ambigües, plagades de victimisme i de topades frontals i gratuïtes. Els nois i les noies, poc amics de baixar del burro, constitueixen bàndols irreconciliables, tot ho troben malament i així ho manifesten. Ells tot ho farien millor! Passen dies sencers en silenci, tancats a l'habitació o bé incomunicats pels walkman, Internet o la Nintendo. Són capaços d'explicar els seus desigs més íntims, els complexos més amagats o les més intenses afliccions al desconegut que acaben de conèixer en un xat, però mai, mai, faran confidències als pares. Abans la mort que caure tan baix!

Els pares, a ulls dels adolescents, tenen tots els defectes i ben poques virtuts. Sorprenentment, la família és una qüestió que sovint els preocupa, un dels valors més cotitzats i que més els neguiteja. En aquest sentit nois i noies exigeixen harmonia, la necessiten per viure i per créixer, els calen pares atents per poder-los contrariar, amoïnar i mantenir amb l'ai al cor, progenitors ben avinguts i carregats de paciència. Sigui quin sigui el tipus de família, tant si es tracta d'un nucli monoparental, com si qui educa els fills és una parella de fet o un matrimoni a la manera antiga, l'adolescent exigeix que tinguin cura d'ell, molta, molta cura.

La realitat, els agradi o no, és sovint una altra. Les famílies flaquegen, mostren esquerdes, pateixen ferides, tremolen i tiren endavant com poden. I l'adolescent, confús i sense nord, també.

Alguns nois i noies travessen aquesta edat caòtica entre convulsions, moviments, riallades fora de context i intents poc reeixits de cridar l'atenció. S'atreuen, s'estrenyen i s'abracen; s'empenyen, es distancien. Com un pèndol empès per la força tel·lúrica dels estrògens i la testosterona, els adolescents es mouen entre sentiments contradictoris i naveguen com poden pel bell mig de les aigües més tumultuoses. D'altres, més atemperats, ho intenten des del punt de vista intel·lectual i fan comentaris i manifesten inquietuds ben poc corrents (l'egiptologia, l'ocultisme, l'espeleologia...). I com més esotèriques i críptiques millor.

Els nois tenen la mà trencada amb la colònia i el fixador i s'aixafen els cabells després d'haver-se'ls pentinat desenes de vegades. Desmanegats, cerquen la seguretat que no tenen en una forma de vestir homogènia, amb ben poc marge per a la individualitat. Entre ells cal distingir dos extrems que sovint es corresponen amb dues formes diferents d'encarar la vida. Els uns porten els cabells ben curts, rapats, i vesteixen roba cenyida que els permet lluir la musculatura que de vegades tenen i de vegades no; els altres vesteixen camises enormes i esparracades, pantalons adquirits amb previsió de futur per a quan s'engreixin molt i es pentinen amb cua de cavall. Pertanyen a tribus diferents i cal poder identificar-se. Tot s'hi val. Tatuatges, *piercings,* marques...

Elles utilitzen, a més de els senyals identificadors ja esmentats, d'altres de ben curiosos: esmalt d'ungles, maquillatge, boletes, tints, pinces de tota mena i de tots colors. La seva vestimenta va des del colorisme més divers i bigarrat (tops multicolors, faldilles sobre pantalons, plataformes...) al dol absolut del negre *prêt-à-porter.* Tenim constància que n'hi ha que es posen fixador a les celles perquè no es descol·loqui cap pèl. De la *Barbie Super Star*, que es compra les sabates a ca l'ortopedista i esdevé una artista del pinzell i un prodigi escampant-se l'ombra d'ulls, a la tètrica i monocroma Morticia, passant per la noia que afirma que *passa* de la seva aparença i saqueja els armaris dels germans grans. Totes plegades, i no admetem excepcions, passen hores ben llargues davant del mirall cercant la confiança en una aparença satisfactòria. Exhibeixen, les que poden, panxes llises com una post de planxar i melics rodonets que són una monada. Fan molta ràbia, tan joves, tan maques i tan primes!

Alguns adolescents detesten la violència, tot i que sovint manifesten actituds violentes. Detesten la hipocresia però són capaços de mentir sense rubor i amb virtuosisme. Són insegurs, ambivalents, temperamentals, sovint generosos, solidaris, agressius, rebels, presumits, inestables, eixelebrats i membres fidels de la tribu en la qual confien *a tope*.

Són, si fa no fa, com han estat sempre els adolescents, profundament desesperants.

Un món divers i desigual

Una de les directrius formulades amb més insistència per la Reforma Educativa és que cal oferir un tractament oportú a la diversitat, entesa com la realitat d'una aula en la qual el professor trobarà alumnes amb diferents capacitats, nivells i ritmes d'aprenentatge. La diversitat autòctona, molt complexa i difícilment abordable, que fa unes dècades tenia com a rars exponents els fills de les famílies gitanes i els alumnes testimonis de Jehovà –que declaraven, amb cert misteri i a cau d'orella, tenir altres creences– ha esdevingut en molts casos un vertader caos. No n'hi ha prou d'acceptar que el noi s'absenti un dia sí i l'altre també per ajudar a muntar la paradeta al mercat ambulant o que el disciplinat «testimoni» t'allargui un exemplar d'*Atalaya* o discrepi quan expliques els principis de l'evolució humana; ara per ara el que cal és fer miracles.

Tots desxifràvem les mateixes llengües, teníem costums semblants i els mateixos referents culturals. D'un temps ençà els canvis han estat nombrosos, i els alumnes, que ens arriben procedents de quatre dels cinc continents –d'Oceania ara per ara només provenen els kiwis– parlen llengües que no entenem i sovint tenen creences i costums que ens resulten desconeguts.

Que a la vida ningú et regala res és una certesa que compartim amb el 99'9 % –xifres estimades– d'habitants d'aquest planeta. Ningú et regala res, i per a alguns, gens habituats al més petit obsequi, la vida és un seguit d'exigències quan no de penalitats, de misèria o de mals tràngols. Com molt bé diu el tango, «que el mundo fue y será una porquería, ya lo sé. En el 506 y en el 2000, también». Especialment difícil és, per a tots els implicats en el procés educatiu –mares i pares, alumnes i ensenyants–, encarar dignament un dia a dia cada cop més complex.

Les aules de determinats barris, pobles i ciutats són un bon exemple del que serà el nostre món futur i de les dificultats que trobarem per edificar comunitats on els membres dels diferents grups no es mirin els uns als altres amb odi, malfiança o menyspreu. Ara que està tan de moda parlar de fusió i de mestissatge i que queda tan bé fer-ho públicament, cal posar fil a l'agulla començant per les aules, les aules dels instituts públics, que com els nostres carrers –també d'ús públic– són fruit de l'encreuament de mil i un camins.

Diguin el que diguin els polítics, els fills dels immigrants, ja siguin gambians, senegalesos o magribins, acaben parlant el que parlen els seus companys al pati de l'escola, és a dir, un pulcre català a les comarques del nord o a la vall del Segre i un castellà no gaire correcte a l'àrea metropolitana. No fóra estrany que d'aquí a uns anys algun alumne de Torroella de Montgrí com el Bambala, un xicot de pell negra com el pou d'una mina, reculli el

Sant Jordi i doni les gràcies en un català impecable. Tampoc ho és que enguany la Pubilla de Torrelles de Foix sigui una magribina d'ulls bellíssims anomenada Munna.

Xinesos, romanesos, magribins, equatorians... conviuen en nombre cada cop més elevat amb els alumnes autòctons i amb els professors, també majoritàriament autòctons. No sempre és motiu de conflicte ni esdevé un problema, però convindreu amb nosaltres que l'adaptació a una realitat canviant i irremissiblement complexa no es fa d'un dia per l'altre. El que suposa la feina quotidiana quan les llengües que es parlen són més de quatre i més de cinc s'entén ben ràpid a partir d'una situació real que ens ha explicat un professor que encara ara no sap ben bé el que ha de fer:

El cap d'Estudis d'un centre pica a la porta d'una aula i entra acompanyat d'una nena que té tot el posat de desitjar intensament que el terra s'obri sota els seus peus i se l'empassi. S'adreça al professor, que en aquells moment està parlant dels almogàvers, i en veu molt baixa i amb el posat humil i la veu melindrosa del qui sap que te l'està jugant:

–Acaba de venir l'inspector, hem d'escolaritzar aquesta nena. La família acaba d'arribar. No tinc molt clar d'on ve, crec que de Bòsnia però no hi posaria la mà al foc. Per l'edat hauria d'assistir a aquesta classe. De moment si no t'importa es queda aquí fins que valorem el nivell i decidim on ha d'anar.

El professor mou el cap de dalt a baix. No és el primer cop ni serà l'últim. A l'aula ja hi té dos xinesos, un ucraïnès i dues nenes del Marroc –la Fàtima i la Samira–, una d'elles amb un mocador blanc al cap.

Troba una cadira buida a tocar de l'ucraïnès i considera que si Déu ho vol la proximitat geogràfica els ajudarà a tots dos. Mijhail se la mira amb uns ulls d'un blau poc corrent, un somriure discret i amb la secreta esperança que la nova companya parli alguna llengua entenedora.

Quan el professor acaba l'explicació, seu i indica a la nena que s'acosti per intentar desxifrar el seu origen, saber quant de temps fa que ha arribat i fer-se una idea aproximada del seu nivell. La criatura, perduda com poques vegades ho estarà a la vida, entén per fi que cal aixecar-se i acostar-se al professor quan veu que l'home li fa senyals amb la mà. Se situa davant de la taula i mira amb uns ulls molt negres i molt oberts, com si obrint-los molt pogués copsar el significat de les paraules. Després d'haver-ho intentat en castellà i francès, el professor, un xic descoratjat, arreplega els seus coneixements d'anglès, que no són res de l'altre món, i aconsegueix que la nena expliqui que l'única llengua que domina és, ni més ni menys, el serbocroat.

La reacció del professor, ben parlat de mena –donem fe d'aquesta circumstància i posaríem la mà al foc si mai fos necessari–, va ser endurse les mans al cap i exclamar:

–¡Cojonudo, como yo!

En una circumstància semblant el professor rep un alumne magribí, el Mohamed, un nen escarransit de tretze anys acabat d'arribar, i l'acompanya al seu lloc. Mentre li indica que segui el professor veu de reüll com a la taula, a punta de compàs, algú hi ha marcat «*Moro mierda*». Afortunadament Mohamed pel que sembla gairebé no llegeix i difícilment entendrà l'insult. Demà mateix caldrà redistribuir l'aula i fer quatre indagacions.

La diversitat que podíem trobar entre els alumnes de tota la vida, els nascuts aquí i que entenen tant el català com el castellà, era ja font de problemes i de dificultats inacabables per a un professorat desbordat per la diferència de nivells. La diversitat present a hores d'ara a les nostres aules ha sofert arran de l'arribada de nois i noies de tot el món una progressió geomètrica que exigeix de mestres i professors de l'ensenyament secundari públic unes habilitats i uns recursos que sobrepassen els nostres coneixements i les nostres habilitats. De miracles, lamentablement, encara no en fem.

Hem trigat setmanes a entendre que els nostres alumnes xinesos sempre, sempre, sempre, responen afirmativament a les nostres preguntes.

–Fes això a casa i demà ho corregirem.

Jiang Li, amb un somriure d'orella a orella i uns ulls que gairebé desapareixen del rostre, mou el cap en un senyal que interpretem erroniament com una afirmació. L'endemà el quadern continua impol·lut, el xicot gentil continua somrient com si es trobés en el millor dels mons possibles. Només després de múltiples experiències d'aquesta mena comprenem que ho fan per l'educació rebuda, per costum, per cortesia... Vés a saber per quins set sous, somriuen constantment. Tant és el que demanis, preguntis o retreguis, el rostre d'un xinès conservarà una expressió tranquil·la, cortesa, somrient i amb tota probabilitat es mostrarà conforme i immillorablement disposat.

La Samira, la noieta del mocador al cap i els pantalons ben cenyits, ja fa quatre anys que és a Catalunya, llegeix i parla correctament català i castellà i és desperta i eixerida. No sap explicar per què du un mocador que li oculta uns cabells foscos que, sens dubte, deuen afavorirla, tot i que companys i companyes la pressionen per tal que se'n desfaci i que tenim constància d'algun intent per estirar-l'hi. Assisteix a classe dia rere dia amb el mocador ben lligat. La Samira emmudeix quan la professora vol saber quins són els seus plans de futur. Es nega a parlar-ne i diu que no sap si en acabar el quart curs passarà a Batxillerat o bé es decantarà pels Cicles Formatius. Eludeix la pregunta, nega i abaixa els ulls.

Posteriorment i en privat explicarà –a instàncies de la professora– que té dos germans petits, que la seva mare treballa i que ella quan acabi l'ESO no continuarà, es quedarà a casa i tindrà cura del Hamed i del Hassan.

–És el que han de fer les dones –assegura amb la veu tremolosa i els ulls clavats a les sabates.

No té cap gràcia, pensareu benvolguts lectors, i no en té. No en té cap, de gràcia, és una mala jugada, una de les pitjors, molt més cruel i injusta que l'obligació de dur un mocador o de respectar el ramadà. És trist, però és així. No volíem posar-nos greus ni pecar de solemnes, però no hem volgut desaprofitar l'ocasió de parlar-vos de la Samira i de tantes altres que per no tenir no tenen nom conegut, ni voluntat pròpia, ni futur professional.

Mijhail, l'ucraïnès dels ulls captivadors, és també un nouvingut. Fill d'un enginyer i d'una biòloga, té una facilitat extraordinària per a les matemàtiques i la música, i el seu nivell supera de llarg el de la resta de la classe, però, ara per ara, és incapaç de mantenir una conversa, d'entendre una explicació o de construir per escrit una frase entenedora. El seus ulls blavíssims semblen els d'un nàufrag, i el seu posat, ben assegut a la cadira, els braços immòbils sobre la taula i la vista clavada en el professor, el d'una esfinx. Per no entendre, no entén ni el seu nom quan el pronuncia el professor:

–Mijhail... Mijhail... Mijhail, *excuse-me.*

I Mijhail, astorat, respon educadament:

–Bon dia! –quan el professor pica de mans tot just davant dels seus ulls i li indica amb un gest de la mà que és hora d'anar cap a casa mentre la resta d'alumnes, xinesos inclosos, tenen ja la motxilla a l'esquena, s'empaiten, s'increpen, s'afanyen a sortir i el soroll sembla capaç d'ensorrar l'aula.

Tot i el seu posat atent, els seus pensaments deuen haver tornat pel seu compte a la llunyana, probablement freda i certament dissortada Ucraïna.

«Demà serà un altre dia», pensa el professor mentre tanca la porta. I malauradament s'assemblarà molt a aquest.

La febre de la comunicació: agenda, mòbil, xats

Considerem necessari, arribades en aquest punt, dedicar unes línies a un dels aspectes que més ens criden l'atenció pel que fa als peculiars hàbits i costums dels nostres alumnes d'ESO. Els adolescents no escriuen cartes, el gènere epistolar va indiscutiblement de baixa, els diaris íntims no s'estilen, i el cas és que tampoc no els queda gaire temps per dir més coses. No importen ni el color de la pell, ni el país d'origen, ni la religió en la qual han estat educats, les noies i els nois, crescuts a l'ombra escassa del *Tamagochi*, senyors del comandament a distància en absència del *pater familias*, tenen coses a dir, moltes coses a dir. I ho fan, és clar que ho fan. Cal, però, tenir els ulls ben oberts, la comunicació escrita ha canviat de suport i ha passat a l'agenda, al xat i al maleït telèfon mòbil.

Pares i mares que us queixeu que no sabeu res dels vostres fills, si no teniu manies ni prejudicis, si esteu disposats a tot, si esteu molt desesperats, si no goseu preguntar, si vendríeu l'ànima al diable per una estoneta de conversa, penseu en l'agenda! No pretenem incitar-vos a transgredir el dret a la intimitat o a la privacitat del correu –dret individual reconegut i garantit per la Constitució–. Penseu només si una agenda tindria el mateix tractament legal que una carta timbrada. Coses més difícils fa l'enginyeria jurídica per justificar l'injustificable i ningú no acaba a la presó. És qüestió d'assumir el risc i la possible denúncia d'un fill que ha vist massa pel·lícules d'advocats.

Els missatges més íntims, els sentiments més amagats, les filiacions polítiques menys recomanables o les simpaties més insospitades, tot això i molt més es troba a l'agenda. Exemplars plens de colors, de símbols, de fotografies, de poesia, d'íntimes dedicatòries, de consells, de lemes... Les agendes són un *collage* creatiu i bigarrat, una font documental de primera mà que els historiadors haurien de preservar per al futur com qui protegeix un incunable. Són el cor obert del noi i de la noia, que hi confien les alteracions més menudes del seu ànim.

Els nois i les noies han canviat el diari personal per l'agenda, que curiosament ja no serveix per anotar-hi els treballs que han de lliurar i els controls que han de passar, sinó que és terreny adobat per a la lírica. Constatem, amb orgull i un xic de nostàlgia, la recuperació dels antiquíssims, perquè es transcrivien ja a la nostra època d'estudiants, epígrafs:

«¡La virginidad produce cáncer, vacúnate!»

«L'amor és com la grip, comença al carrer i acaba al llit.»

«Más vale condón en mano que nueve meses y un enano.»

«El mundo está en tus manos, lávatelas.»

«Si los cerdos volaran, la sala de profes sería un aeropuerto.»

Poemes de tota mena i llargària, des de la carrincloneria de l'arxiconegut i atemporal:

«Por ti iría al Polo Norte en camiseta de deporte.»

Al simplisme i el pragmatisme més aberrant de:

«Amor sin beso es como pizza sin queso.»

«Dime con quién andas y si está buena me la mandas.»

O la falsedat convencional i *ripiosa* del:

«Virgen santa, virgen pura haz que apruebe esta asignatura», anotat al primer full de l'agenda per la filla, no batejada, d'uns ateus bel·ligerants que mai no sospitarien aquesta sobtada devoció mariana.

Tenim proves de les insospitades facultats dels nostres adolescents per a la pràctica d'un gènere literari inclassificable i que enfonsa les seves arrels en el surrealisme i el deconstructivisme més *à la page.* No ens atreviríem a posar-hi nom, tot i que en tenim uns quants de pensats. Ens referim a desconcertants rodolins, anacròniques anotacions i críptiques frases fetes de lliure i habitual circulació via agenda:

«La vida és dura, va dir una pedra.»

«Si te vas y me dejas, dime adiós con las orejas.»

Les noies, sovint més dotades per a l'expressió escrita, practiquen una variació ben poc original però indiscutiblement necessària, la prosa feminista. Aquest fet, tot i que poc significatiu, hauria d'afalagar-nos. Tants anys de lluita i de combat diari a casa, a les aules, a la fàbrica, al súper... han servit per a alguna cosa. Hi ha qui, directament i sense preàmbuls, qualifica d'esguerro el membre viril dels seus companys o menysté la seva mida i forma. Algunes, sense ser-ne conscients, es fan ressò de les enginyoses paraules de Gloria Steinen: «Una mujer sin un hombre es como un pez sin una bicicleta.»

D'altres, beneites, lletraferides d'estar per casa, es deixen arrossegar cap als abismes de la carrincloneria i s'enfonsen fins al coll en la lírica més infumable, en el sentimentalisme més patètic i en la ingenuïtat més colpidora. Pobrissones! «Una noche miré al cielo y pregunté por mi destino, las estrellas se agruparon y formaron tu apellido.»

Jurem que, ara per ara, mai no hem vist cap constel·lació que formés els cognoms Soler, Martínez, Rebollo, Hussein o Bofarull, però estem en condicions d'assegurar que a l'edat d'aquestes noies nosaltres també crèiem a ulls clucs en fenòmens astrològics de semblant abast còsmic.

«Una noche pensando en ti, mis ojos se humedecieron, y entonces comprendí, lo mucho que te quiero.»

Cal concloure que les nits són profitoses i que els pensaments més profunds són patrimoni dels noctàmbuls i de les noctàmbules. És en la foscor, amb tota probabilitat, que nois i noies componen alguns rodolins que s'integrarien dins del *gore* i de la pornografia més dura, i que no transcrivim per tal de no ferir algunes sensibilitats. D'altres, més amants de la visualització dels misteris de la vida –que degut al *Manga* explícit perden bona part del seu misteri–, practiquen una forma de còmic d'elevada temperatura. Són artistes consagrats en la reproducció de genitals de dimensions impossibles, postures improbables i cossos d'allò més fantàstics. Qualsevol semblança amb la realitat no només és una coincidència, sinó que possiblement requereix cirurgia.

D'altra banda hem pogut comprovar amb sorpresa que la llengua castellana és molt més utilitzada per farcir pàgines i pàgines d'agendes escolars que el català. La literatura alternativa que des de fa molts anys omple les portes dels lavabos d'instituts i universitats mostra a bastament aquest singular predomini.

La utilització d'un llenguatge peculiar en la comunicació interpersonal –l'essència humana dels nostres alumnes es dóna per assolida tot i la seva paradoxal condició de *pavos*– és una altra de les característiques pròpies d'aquest espantós període del cicle vital. La llengua de la tribu és xocant i dinàmica, molt i molt dinàmica. Un dia taladres l'olla i ratlles, l'endemà menges el tarro i et dediques a inflar la perola al personal i demà passat et passes quantitat, t'enrotlles malament i has deixat de molar.

El xicot que avui va de bon rotllo, demà estarà empanao, pirao, se le irá la olla o bé fliparà de la perola, tarro o castanya. Farà els deures en un plis, i si no se come ningun marrón i la seva mare no el xapa, baixarà al carrer amb els col·legues a mirar de reüll les paves, xatis o pàmfiles que van de guais i de sobrás i que molan un puñao, tots plegats es petaran el cul (de riure); o bé es deixarà els pinyos (dents) jugant a futbol. Si, al contrari, porta un rotllo xungo i no se come un trol, el notas se las pira, se abre, i s'apalanca en un banc a pipear (fer una ullada). Anda que no!

«Al igual!», expressió d'ús quotidià i significat ambigu que encara no som capaces de traduir de forma precisa i que fan servir sovint en contextos diferents i amb finalitats diverses. Serveix tant per dir adéu com per donar per acabada una conversa o tallar definitivament el rotllo d'algun col·lega.

Ens resulta molt més difícil, però, parlar del llenguatge dels mòbils, que, malgrat les normes aprovades al respecte a cada centre escolar i que han estat incloses als respectius reglaments de règim intern, continuen quotidianament en poder dels nois i les noies d'ESO. No fa gaire, durant una guàrdia de pati vam poder veure la Maite, professora de castellà carregada d'anys i de sorna, adreçar-se amb determinació a una nena mig amagada en un racó del passadís, i etzibar-li com si res: «Meritxell, reina, dame el móvil y vamos a dejar descansar un poco al pobre satélite.»

De fet, qui no ha jugat amb un *walkie-talkie?* Els nostres alumnes continuen jugant a comunicar-se, i ben pensat potser no és un joc dolent si les alternatives són matar indis amb la videoconsola, capturar i massacrar terroristes islàmics als comandaments d'un simulador, escoltar música màquina –que diguin el que diguin no pot ser bo de cap manera–, perseguir bestioles amb el ratolí o passar la tarda enganxats al *joystick.*

El fet que en escriure en un suport efímer, com és la pantalla del mòbil, no quedi constància del missatge enviat dificulta la nostra tasca d'investigadores. Atenció companys filòlegs! Un possible tema per a una investigació: L'esquematització del llenguatge derivada de l'estalvi econòmic –les targetes són finites i no perdonen– i de les òbvies limitacions del mòbil.

Explicarem quatre coses i prou de tot allò que es diuen a través de les ones i de com ho fan:

a) Els missatges emesos tenen dos aspectes en comú, són importants –crucials– i no tenen espera:

«Ara surto, estic de camí, t'espero, t'estimo, vine ja, ets un capullo, cabronàs, estic fins als collons, la profe de socials ratlla quantitat, m'avorreixo, te quiero mucho como la trucha al trucho...», i així fins a l'infinit.

Aprofitem per remarcar la urgència del fet comunicador amb un exemple. Una mare d'una alumna de segon cicle d'ESO li truca al mòbil durant una classe per donar instruccions sobre com ha d'escalfar el dinar. La noia, interpel·lada per la seva professora, que l'amenaça de confiscar-li l'aparell i explicar als pares que l'ha portat a classe quan el règim intern prohibeix clarament la utilització del mòbil a l'institut, respon enutjada i oferint-li l'aparell:

–Ja l'hi pot dir, és la meva mare.

b) Utilitzen icones i un llenguatge escrit propi i reduït a la mínima expressió (per raons de temps, d'espai i d'esforç); sovint fan servir símbols matemàtics, anglicismes i abreviatures de nova i personal creació i són capaços de desxifrar frases complexes que són un misteri per als adults. Fan servir *emoticons* per expresar sentiments, estats d'ànim o fets que comporten bona o mala sort. Els més coneguts són: ☺ ☹

Conserven les vocals i aprofiten la sonoritat de les consonants d'una forma un xic extravagant:

«Lo + qi», equival a «lo más quie –kie– ("guai")».

«T' ♡», no necessita traducció.

«¿?», serveix per reclamar resposta a una pregunta formulada anteriorment i que triga a arribar.

«Raql», no és com podria semblar un fragment d'un llenguatge extraterrestre encara per interpretar, sinó que equival entre els entesos a «Raquel».

«Q acs? Ah. toy n kls de socis» vol dir, si fa no fa, «¿Qué haces? Ahora estoy en clase de Sociales». (Enviat des de la classe a una companya que espera a la porta la sortida de l'amiga.)

«Pq as vnido tard?» vol dir «¿Por qué has venido tarde? «Dim x q t enfadast» és «Dime por qué te enfadaste».

«Mua», petons,

«Nos bmos, bye.»

Estic cremat

Els joves d'avui estimen el luxe,
tenen manies i menyspreen l'autoritat.
Contesten als seus pares, creuen
les cames i tiranitzen els seus mestres.

SÒCRATES

En aquest capítol no parlarem del lamentable estat dels boscos de Catalunya. Tampoc al·ludirem a aquella situació d'imprevisibles conseqüències i de tots i totes ben coneguda que es coneix popularment com «anar cremat» o bé «anar calent». Hem decidit que aquest era el millor del títols possibles per parlar de l'altre cantó de la trinxera, la banda dels professors.

L'expressió «estic cremat» és la que fem servir el 90 % dels professors de l'ESO com a targeta de presentació o per entaular una conversa que indefectiblement acabarà en catarsi. Es tracta evidentment de xifres estimades a ull per nosaltres. Si la guàrdia urbana ho fa, i en diu de tan grosses, no veiem per què algú hauria de posar el crit al cel perquè nosaltres establim barroeres aproximacions a la realitat.

–Hola, què tal? Com va la vida?

El professor d'ESO t'etziba irremeiablement un taxatiu i pesarós:

–Estic cremat, molt cremat.

I tot seguit et deixa anar un rotllo de proporcions magnífiques, quasi faraòniques, sobre les seves espantoses condicions de treball (trasllats constants, barracots, cues d'assignatures que no són la seva, o –el que és més habitual– un alumnat impossible). Et parla del periple que, un cop aprovades les maleïdes oposicions, l'ha dut a anar d'un IES a un altre tot esperant la seva plaça definitiva, que amb tota probabilitat correspondrà a un centre que es trobi a més de seixanta o setanta quilòmetres de casa seva. T'explica que coneix, perquè hi ha treballat, cinc comarques diferents i nou instituts, malgrat haver aprovat les oposicions a la primera. Un altre hi fica cullerada per aportar la seva experiència. Fa set anys que ha aprovat, el curs passat li assignen plaça definitiva a la comarca de La Selva i durant el mes de maig del mateix curs rep la comunicació que, com que la matrícula ha minvat significativament, la seva plaça ha deixat d'existir, és un desplaçat que a hores d'ara encara no sap on anirà a petar.

De vegades el que hi ha al darrere del fatídic «estic cremat» són problemes personals que es veuen agreujats per les difícils condicions laborals que hem d'enfrontar diàriament. Tot plegat una conya marinera que no s'acaba mai i que et veus obligada a aguantar a peu dret i amb un mig somriure de complicitat al rostre. No goses dir-li que la seva història és clavada, clavada, clavada, a la que tu has estat a punt d'endinyar-li si ell, el més ràpid d'aquesta banda del Mississipí, no t'hagués passat al davant.

Tot el que pots fer és un posat solidari i cara de «Què-m'has-de-dir-que-jo-no-hagi-patit?». No hi ficaràs cullerada, però tard o d'hora podràs desconnectar.

«Estic cremat» és, si fa no fa, una manera polida i discreta de dir: «Estic fins als collons, als ous o als pebrots, estic fins al monyo, fins al capdamunt o fins als ovaris.»

Trieu segons delicadesa, sexe, preferència personal i intensitat de la ràbia de cadascú.

Afirmen els psicòlegs, que d'això en saben un niu, que l'alleujament, com el càstig, ha de ser immediat. Per això recomanem la sala de profes. Sempre hi ha algú de moral molt estricta que no ho aprova o que et mira malament, però l'efecte, el consol, és més eficaç que si et tanques en un lavabo. Per arribar a la catarsi cal un interlocutor comprensiu, millor encara si en són molts, i és excel·lent si estan afectats pel mateix mal.

–Sóc el Carles, i estic cremat.

Tot i que aquest estat no requereix l'anonimat, potser fóra bo, i tindria els efectes d'una teràpia grupal com Déu mana, organitzar periòdicament reunions semblants a les dels *Alcohòlics Anònims,* durant les quals els afectats explicarien amb pèls i senyals les vegades que han caigut, han flaquejat i han tingut mals pensaments. Entenem per mals pensaments les ganes irreprimibles d'enviar algú a la merda, de ventar-li un clatellot, de marxar de classe i deixar-los amb un pam de nas o de dir a algú quatre coses ben dites. Els malsons en els quals escanyes algú, el fas caure daltabaix d'un penya-segat o li fums un cop de peu formidable allà on fa més mal, també són considerats símptomes d'una síndrome digna de tractament.

Aquest estat, que afecta la població tant femenina com masculina que imparteix classes a l'ESO, ha estat tipificat pels savis que ens envolten i ja té nom, ja tenim etiqueta! Si tens etiqueta hi tens molt de guanyat, és el primer pas per anar als tribunals. El nom, però, és un nom d'anar per casa, se'n diu la *síndrome d'estar cremat,* també coneguda com a *estrès professional.*

Pel que fa al risc de desenvolupar aquesta penosa malaltia, els estudis realitzats sobre aquesta síndrome –cada cop més estesa–, les seves causes i la seva simptomatologia, equiparen:

– metges d'urgències;
– assistents d'institucions penitenciàries;
– mestresses de casa;

– treballadors eventuals;

– pilots d'aviació, i...

– professors d'ESO.

Els metges que han investigat a fons l'assumpte especifiquen, «professors d'ESO», no de primària, batxillerat o universitat, professors i, no cal dir-ho, professores d'ESO.

Aquest estat es caracteritza per un conjunt de símptomes inconfusibles que, mirats amb distància, posen els pèls de punta. Pel que fa a la sensació que experimentes abans de posar els peus a l'aula, i en parlem amb prou coneixement, s'assembla molt a la que t'envaeix a la sala d'espera d'un dentista –i a risc que només ens entenguin les lectores–, és la mateixa que sents quan el ginecòleg et diu:

–Ja pots despullar-te, que t'exploraré. I intenta relaxar-te.

I un xic més tard:

–Intenta relaxar-te –insisteix amb poca convicció.

Mentrestant, aguantes el tipus en la postura més poc afavoridora que es pot imaginar, suant i calculant els minuts que trigaràs a marxar si tot va bé. Tot això mentre t'aferres a l'estret llit metàl·lic per poder contreure millor cadascun dels teus músculs.

També abans d'entrar a l'aula interiorment et dius: «Intenta relaxar-te, no passa res.»

Segons els estudis es dilaten les pupil·les, s'aguditza l'oïda –ja ens direu la falta que fa quan el soroll és comparable al d'un parc d'atraccions–, augmenta el ritme cardíac, els músculs es tensen, la sang arriba més ràpidament al cervell i els peus es refreden i suen. Tot això, i sovint alguna cosa més, ho revius quan estàs a punt de traspassar el llindar de l'aula de 3r C i d'enfrontar-te a la no gens fàcil tasca de fer-los seure, callar, escoltar i treballar. Brams, cops, xiscles, cadires que cauen i taules que es belluguen és el que sents a través de la porta tancada. Ganes de fugir ben lluny, de sortir corrents cames ajudeu-me, és el que experimentes quan empenys la porta, entres i col·loques sobre la taula els teus trastos. Quan aixeques els ulls i mires l'aula comproves que la major part dels nois i noies ni tan sols s'han adonat que has arribat.

La síndrome –insistim, ja tipificada– es manifesta en quatre fases:

Fase d'entusiasme. El treball ocupa bona part de la teva vida i n'esperes grans satisfaccions.

Fase d'estancament. La teva situació s'estabilitza, constates que la feina no ho és tot i que cal cercar distraccions.

Fase de frustració. Aparició dels primers problemes emocionals, físics i conductuals. Hi ha poques satisfaccions i les dificultats són molt nombroses.

Fase d'apatia. Es minimitza la dedicació a la feina. Poden aparèixer problemes físics i psíquics greus.

L'expressió «estic cremat» és de lliure utilització a partir de la segona fase, moment en què comproves que la feina és ben difícil, els maldecaps molt nombrosos i les dificultats infinites. Cal advertir que aquesta fase d'estancament pot durar molts anys i no necessàriament deriva en un deteriorament de l'estat anímic o en la pèrdua de qualitat de la feina del professor o la professora afectats.

Durant els darrers estadis és quan l'afectat decideix anar a cal metge i presenta una simptomatologia molt diversa: cefalea, vertigen, mareig, depressió, ansietat, irritabilitat, dolors cervicals, trastorns digestius i dolors musculars inespecífics. A la llarga, aquesta síndrome modifica la gana, pot arruïnar la vida sexual del malalt i produeix alteracions digestives, psicològiques, menstruals, cutànies...

Inapetents o menjadors compulsius, irritables, depressius, sexualment passius, ulcerosos i eternament adolorits.

Podria ser pitjor, però no pas gaire més.

Mares, pares i altres parents

Tener un hijo no lo convierte a uno en padre,
igual que tener un piano
no lo convierte en pianista.

MICHAEL LEVINE

Hi ha molts factors que provoquen una dificultat creixent en la relació que mantenen pares i professors. Els horaris laborals no només fan difícil que tots tres es trobin si més no un cop l'any per parlar del fill o la filla, sinó que, el que és més greu, impedeixen que el pare o la mare siguin al domicili familiar per tal de tenir cura del fill adolescent. La veritat és que la difícil i sovint inexistent comunicació dels fills amb l'entorn familiar o les desavinences en el si de la parella són alguns dels múltiples entrebancs que cal superar amb grans dosis de bona voluntat.

Hi ha pares que no apareixen mai, ni tan sols quan reclames urgentment la seva presència, i n'hi ha de pertinaços que passen per l'institut setmanalment per tal de seguir de ben a prop l'evolució d'un fill ofegat per una protecció desmesurada. Fills que afirmen que la seva mare no pot venir de nou a deu per l'inajornable compromís contret amb les amigues de prendre el tallat plegades cada matí; i altres alumnes que s'estimen més que ni tan sols truquis a casa seva per tal de no desvetllar el monstre adormit de la vigilància més fèrria.

Cada família és un món, i cal anar a poc a poc i amb peus de plom. Hi ha el pare que et dóna el número del seu mòbil per tal de demostrar-te la seva total i abnegada implicació, i que quan l'has de menester no té cap problema per contestar sense cap mena de complexos ni falsos embuts que «d'aquests assumptes se n'ocupa la seva mare».

I hi ha la mare que, en veu molt baixa i amb cara d'angoixa, s'acomiada dient: «Quan el meu marit ho sàpiga, el mata.»

Afirmació probablement desmesurada, però que et permet vaticinar amb tota seguretat que el progenitor en qüestió no arribarà a saber mai que el seu fill ha fet campana sistemàtica.

I et quedes allà, palplantada al mig d'un despatx buit, compadint aquella mare atrapada entre dos fronts. Potser tu també callaries com un mort.

Especialment delicat és el tracte amb fills de pares divorciats o separats temporalment. Fills i filles que afirmen, de vegades amb sarcasme i d'altres amb un dolor que no poden amagar, que tenen dos pares i dues mares, dos pares i una mare, una mare i cap pare –perquè aquest no exerceix com a tal– i una col·lecció d'avis i germans que no te l'acabes. Una sèrie infinita de combinacions possibles que inclouen càrrecs tan simpàtics com el de padrastre o madrastra, els companys sentimentals –quina expressió tan carrinclona!–, els germanastres...

Pares que afirmen que no pagaran les despeses ocasionades pel viatge de fi de curs perquè el jutge no ha previst en la seva sentència aquesta circumstància, o pares separats i ben avinguts que assisteixen plegats a les entrevistes amb la tutora i que amb esforç i bona voluntat han tirat endavant amb dignitat una situació difícil per a tots els implicats.

D'altres que et preguen que truquis també a l'altra part de la parella i li expliquis tot allò que li estàs dient, ja que s'estimen més no passar el mal tràngol d'haver de fer-ho ells.

«Yo con su padre no me hablo», afirma una mare quan la tutora li aconsella que informi el pare de la delicada situació d'una filla amb desequilibris emocionals i signes evidents d'anorèxia.

O la nova i jove companya d'un pare que s'espolsa la responsabilitat i se't treu de sobre dient: «Jo, és que no hi tinc res a veure, sap? Un moment que ara li passo el seu pare i li explica tot això.» I et quedes enganxada al telèfon tot esperant que el progenitor sigui un xic més receptiu.

Amb l'arribada massiva de famílies immigrants les relacions amb els pares dels alumnes són sovint pròpies d'una pel·lícula dels germans Marx. A l'entrevista hi vénen els dos pares, els germans petits que encara no van a escola, l'alumne en qüestió i la tutora. Tots en un despatxet que és petit com un cop de puny. Una escena delirant.

Pares i mares d'alumnes magribins, xinesos, romanesos, subsaharians... somrients i amb els ulls molt oberts, que tenen encara greus dificultats per entendre el català i el castellà i que reben la informació que els estàs donant a través de la traducció lliure –mai millor dit– que els fa l'alumne. I així passa –és clar– que sovint els pares continuen somrient infinitament agraïts i fan gestos d'assentiment, amb la corresponent consternació de la professora, que els acaba d'explicar que fa deu dies que l'alumne no apareix, que s'ha estomacat al pati diverses vegades, que agredeix els seus companys, que arriba tard quan arriba, que insulta les seves companyes o bé que no porta el material que et consta que ha adquirit.

Acabes acomiadant els pares gentilment a la porta amb un somriure d'orella a orella, sovint una abraçada i una forta encaixada de mans per correspondre la seva afabilitat i agafant l'alumne en solitari per tal de cantar-li a soles les quaranta.

D'altres es neguen a parlar amb la tutora pel fet de ser una dona, i cal recórrer al cap d'Estudis, que per aquelles coses que té la vida és un home cepat i amb bigoti, per tal que estigui present durant l'entrevista.

Pares i mares autòctons que defensen aferrissadament un fill o una filla que no fa brot i que afirmen de mutu acord, amb una ingenuïtat corprenedora, que es passa la tarda treballant i fent deures a la seva habitació. «El carrer ni el trepitja», coincideixen a dir. I possiblement és veritat que s'està a casa, tancat a l'habitació i amorrat a l'ordinador, la videoconsola o estirat al llit escoltant música.

D'altres arriben amb el cap cot, han sentit el mateix moltes vegades, et diuen que ja saben que «li costa una mica» però que –com va dir una mare una vegada– «La meva filla té molta actitud». I tant, una aptitud de 10, per a les relacions públiques!

El ventall de pares i mares és inacabable i d'allò més divers. Et trobes igualment desconcertada davant del pare enfurismat que et demana explicacions perquè has fet un comentari sorneguer respecte al fill, mentre la criatura dormitava amb el cap pengim-penjam, els ulls tancats i la respiració profunda. Els comentaris podrien perjudicar irreversiblement la seva autoestima, així que et recomana que l'encoratgis, el motivis, el felicitis i facis el possible per engrescar-lo cada cop que faci el que ha de fer. Això és el que faria una bona professora, i tu, tot i que està entre els teus objectius, ets, pel que sembla, molt lluny de ser-ho. Li calen al·licients, motivació... és tan sensible!

Un altre t'aconsella que facis servir mà dura amb aquell fill díscol i insuportable que li ha tocat i amb el qual està convençut que no se'n sortirà. «Si li cal un clatellot... vostè mateixa. Faci el que faria amb el seu fill.» I resulta que el fill, l'Arnau, fa metre vuitanta, té un caràcter de mil dimonis, acaba de rapar-se els cabells, s'acaba de tatuar al braç una boa constrictor, porta al voltant del canell un braçalet de punxes, s'ha fet fer un *piercing* a la llengua, té el quadern ple de creus gammades i fa ostentació continuada d'unes intencions gens pacífiques.

Una, que mai a la vida no ha estomacat ningú, ni els fills propis ni els aliens, tot i que li ha passat pel cap més d'una vegada, i de dues, i de tres..., comprèn que el pare tampoc en aquesta ocasió serà de gran ajut.

Hi ha qui manifesta un interès fora de mida pel procés d'aprenentage del seu fill, però que no assisteix a la reunió de pares que convoques un dimecres a la tarda perquè aquell dia justament –vés quines coses!– té un partit de futbol importantíssim, decisori.

En la mateixa línia trobes la mare que justifica les reiterades faltes d'assistència del fill amb una anotació concisa: «El meu fill Òscar no ha vingut a l'institut perquè no en tenia ganes», «no ha pogut venir avui perquè tenia molta son».

I a l'altre extrem hi ha aquell noi sotmès a la disciplina familiar més rigorosa, que fins i tot el dia que enterren la seva àvia, amb la qual havia conviscut tota la vida, s'està a classe en contra del seu estat d'ànim, empès per un sentit de la responsabilitat a prova de bombes, desconsolat i tristíssim.

També trobes pares i mares que aclaparats per uns resultats desastrosos, superats per un sistema educatiu complicadíssim i carregats de bones intencions, suggereixen possibles reforços en forma de classes particulars d'anglès, mates, informàtica... I que no acaben d'entendre que no poden lligar un adolescent desvagat durant més de deu hores diàries a una taula d'estudi si aquest adolescent ha decidit pel seu compte no estudiar.

D'altres, profunds coneixedors de la condició humana, després d'haver-ne sentit de tots colors sobre la manca de treball regular, el mal comportament i les dificultats que el fill ocasiona dia sí dia també, pregunten desolats mirant-te ben dret al fons dels ulls: «Si fos el seu fill, vostè què faria?»

I tu abaixes la vista i calles, ben conscient que no ho tenen fàcil. Fet i fet, compartiu la mateixa sensació de desconcert.

Si hoy es martes, esto es Bélgica

Una de les grans aportacions del nou ordenament educatiu és la seva ben intencionada complexitat. El funcionament de tot plegat resulta sovint més difícil i molt menys entenedor per als professors que per als alumnes, que han crescut en un món incomparablement més confús i estan avesats a les més intricades estratègies d'anàlisi de la realitat. Tot i que alguns aspectes –com la proliferació de crèdits variables de temes estrafolaris que anaven des de la història del rock als principis de la cistelleria o del vol sense motor– es van corregint amb la pràctica i la imposició generalitzada del sentit comú, els inicis van ser poc menys que memorables.

Diguin el que diguin els calendaris, l'any comença al setembre i els bons propòsits i les millors expectatives s'acaben esvaint, a tot estirar, a finals d'octubre.

El que llegireu tot seguit ha estat rigorosament constrastat a diverses sales de professors, despatxos i sales de reunions i al voltant, per què no dir-ho, de múltiples taules de bars.

Temps enrere, quan nosaltres sèiem als pupitres sempre massa petits de les aules i s'implantava encara l'EGB, els professors passaven molt de temps a l'escola i eren públics i notoris els seus costums, les seves predileccions, les seves virtuts i encara més els seus vicis. Aquests coneixements més que útils eren imprescindibles per a la supervivència, passaven de pares a fills com el cognom, l'alçada o el color dels cabells. Hi havia molt pocs referents, i encara menys icones –un crucifix i un retrat per recordar eficaçment qui manava i para de comptar–, i una classe rònega i de mestre, un per a tot l'any. De vegades el mestre o la mestra de torn estimaven profundament el seu ofici i coneixien bé els seus alumnes. En aquestes ocasions anar a classe era un plaer, però no sempre era així.

Des del professor llegendari que no vam conèixer, però del qual vam sentir a parlar a bastament, a qui calia parlar de vostè i que es tallava les ungles dels peus a classe i espiava els seus alumnes a través del forat prèviament practicat al full del diari que llegia a l'aula cada matí, fins a aquella altra ensenyant que esmerçava el temps brodant i tallant patrons per als seus nombrosos fills mentre les alumnes copiaven una mateixa frase fins a l'extenuació. O per què no, aquella professora que es treia els nombrosos anells que duia als dits, blavosos de tants entrebancs, amb una delectació i una parsimònia que podríem qualificar de morbosa, per clavar un clatellot que no deixés rastre evident a algun dels alumnes, preferentment del primer rengle. La tria de la desafortunada criatura era generosament confiada a l'atzar.

Sí, de vegades plovien mastegots i mai no en sabies el perquè. I si et passava pel cap dir-ho a casa la resposta dels pares acostumava a ser unànime: «Alguna cosa deus haver fet.»

Avui dia, però, són els fills, aclaparats sovint per l'elevat nombre de professors i de matèries que tindran al llarg d'un curs, els que han d'explicar als seus pares –armats de no poca paciència– els misteris de la vida escolar. Paraules i expressions com currículum, nivells, unitat d'adaptació curricular, desdoblament, projecte curricular, tractament de la diversitat, pla estratègic, necessitats educatives especials, itinerari o crèdit són alguns exemples de les innovacions lèxiques a l'ús. A tots aquests termes novedosos caldrà afegir-hi els que sens dubte es derivaran de la temuda i gens consensuada Llei de qualitat, que, pel poc que en sabem a hores d'ara, tampoc simplifica les coses.

Ja no va ser fàcil durant els primers temps de l'ESO treure'n l'aigua clara. Els ensenyants vam ser els primers a patir la terrible malaltia del desgavell lèxic i el caos organitzatiu. Durant molts dies, abans no li vam agafar el *tranquillo*, deambulàvem ben desorientats i sovint esmaperduts –escales amunt i avall– d'una aula a l'altra preguntant a tort i a dret i consultant papers i més papers. El començament de curs va convertir-se en un suplici. Havies de dominar el vocabulari i controlar una situació que presentava una tendència irreversible a la complexitat més delirant. Calia saber destriar d'entre els crèdits d'ampliació, d'iniciació i de reforç, el que et tocava impartir en cada moment. Convenia recordar si tindries tot el grup-classe o bé només una part selecta (per selecta s'entén aquella part objecte d'una tria acurada entre els alumnes que apleguen característiques semblants). Calia tenir present la diversitat de nivells i personalitats que trobaries a l'aula i programar i dissenyar materials en funció d'aquestes coordenades. Tampoc podies oblidar si tenies entre mans un crèdit comú o variable, d'una classe desdoblada o no, i convenia no perdre de vista que el nombre d'hores assignades per a desenvolupar-lo era sempre, sempre, sempre, molt inferior al que necessitaves.

Resultava relativament freqüent, i parlem des d'un ignominiós *mea culpa*, entrar a l'aula, deixar sobre la taula la bossa, la cartera, els llibres, treure el llistat d'assistència i efectuar altres moviments menors que formen part del ritual d'una professora; fins a aquell moment crític, en què avergonyida abaixaves els ulls, recollies els trastos ben de pressa i marxaves amb un subtil: «Perdoneu-me.»

Acabaves d'adonar-te, per l'expressió sornaguera dels alumnes, que t'havies equivocat de classe i que estaven comptabilitzant el temps que trigaries a reaccionar. La teva sortida, ben poc digna, tot s'ha de dir, anava acompanyada d'un esclat de riure tan sonor que inevitablement se sentia, per al teu escarni, al llarg de tot el passadís.

Havies oblidat, un cop més, que el crèdit variable de reforç de 4t A que et tocava s'impartia per raons d'espai, durant aquell trimestre, a l'aula de 3r C; tret dels dimarts, que per les raons de disposició d'espai ja esmentades passava a l'aula de 2n B.

Malauradament, però, just quan ja no vacil·laves i havies aconseguit travessar el passadís trepitjant fort, com qui no ha fet altra cosa en tota la vida, acabava el trimestre i... sant tornem-hi. Horari nou, crèdits nous, grups malauradament semblants.

També podia ser que et passessis minuts i minuts esperant, a l'interior d'una aula buida, uns alumnes que no acabaven d'arribar. Era el moment de la venjança i del comentari més sarcàstic que eres capaç de formular. Eren ells, els alumnes, els que erraven confosos d'una aula a una altra: «Què, fent turisme?»

No fa gaires dies, un alumne poc informat va anar a trobar la professora de Ciències Socials i amb cara de profund i, per què no dir-ho, exagerat penediment, digué: «Profe, no he portat el compàs. És que...», i un seguit de disculpes increïbles que no detallarem.

És habitual i forma part del dia a dia que un alumne oblidi el material a casa. No sorprèn ningú. El que no ho és tant és que l'alumne s'excusi per no haver dut un artilugi que la profe de Socials no ha demanat, i és que l'ha confós amb la de Visual i Plàstica, tot i assemblar-se l'una a l'altra com un ou a una castanya.

Les relacions professor-alumne han canviat tant que sovint ens trobem trepitjant terres pantanoses, entre l'exigència d'una disciplina necessària, l'intent de comprendre qualsevol situació dins d'un ampli ventall de possibilitats i l'afany de motivar, peti qui peti, l'alumne més refractari. Aquell que et mira als ulls i amb un cert posat de compassió t'etziba per enèsima vegada: «Jo, profe, el que vull és anar a treballar.»

No sembla fàcil i, ho podem jurar, no ho és en absolut.

Només des d'una situació enrevessada com la que vivim podem entendre que un xicot de quinze anys respongui amb total desimboltura i amb una confiança absoluta una pregunta d'un control dient: «Esta pregunta no te la contesto porque estaba en Almería.»

O que una nena ben eixerida, que mira pel microscopi la fulla d'un gerani, respongui així a la pregunta de l'inspector de zona cortesament interessat per saber a quin curs pertany: «Faig tercer d'això.»

O que un altre, que no ha fet mai un exercici ni ha respost cap pregunta en un control, vulgui saber, un dia abans del darrer examen del trimestre, amb les mans a les butxaques i el quadern de treball immaculat i a casa seva:

«Què haig de fer per aprovar aquesta assignatura?»

I la professora contingui, amb penes i treballs, les ganes de respondre amb un taxatiu i inapel·lable: «Tornar a néixer, Sergi, tornar a néixer.»

Els velociràptors de la informació

Els mestres, i especialment aquells que treballem amb alumnes d'ESO, podem afirmar sense cap marge d'error que els nostres alumnes són capaços d'obtenir un volum d'informació exorbitant, magnífic i que ben sovint ultrapassa les seves possibilitats d'assimilació –i les nostres; i tot això en un temps record. Ho troben tot en un tres i no res i et deixen amb la boca oberta i les mandíbules desencaixades. Les aules són atapeïdes de cercadors eficientíssims, bruixots dels multimèdia, experimentadíssims acròbates de la xarxa, contorsionistes del *mouse*, alquimistes de la més pura i dura cerca *booleana* (terme après d'un alumne de quinze anys i que fa referència a la recerca a internet realitzada emprant sàviament paraules-clau). Eixerits exploradors debutants que tot just travessen el llindar de la pubertat.

Tenen capacitat desenvolupadíssima per trobar un mapa històric del Japó durant la primera meitat del segle XII i imprimir-lo a tot color incloent-hi comentaris d'allò més interessants i erudits. Però aquest navegador indòmit no sempre sabrà situar el país del sol naixent sobre un planisferi, i de vegades tampoc no té gaire clar quin és el període cronològic que abasta el segle XII.

Un fenomen semblant es detecta pel que fa als gràfics que baixen de la xarxa, les dades que importen de les enciclopèdies o les fotografies, totes sorprenents, dels paisatges naturals, dels animals exòtics o del racó més llunyà de la galàxia. Aquests *velociràptors de la informació*, aquests corsaris moderns, empesos per les nostres demandes, es llancen àvids a la cerca i captura i esdevenen voraços localitzadors d'informació que no sempre es prenen la molèstia de llegir o de relacionar amb el tema que l'esforçat profe està intentant abordar. Potser sí que és demanar massa.

Aquests mags de l'*enter* i de l'*escape*, aquests joves *masters* del *return* i del *file* tenen a la punta dels dits tot el poder i tota la glòria. Qui ho diria! Afortunadament, però, no tenen prou anys. El temps cura moltes coses, poques si considerem les que té per norma espatllar definitivament, però és ben cert que fa meravelles amb la inexperiència.

EXEMPLE I: El tema que treballaven era la Revolució Russa, l'enunciat de l'activitat que havien de fer a casa era concís, d'una precisió magnífica, excelsa fins i tot; la professora –ingènua– va creure que no calien més explicacions: «Redacta una biografia breu (8-10 línies) de LENIN.»

El *velociràptor* en qüestió va trobar el perfil biogràfic exigit, va afegir per fer mèrits un retrat prou bo i conegut del controvertit personatge històric amb la gorra calada i una perruca i, cenyint-se com un guant a la demanda, va presentar una ressenya de la seva vida de deu línies, ni una més ni una menys. Deu, com les pomes del pomer, com els deu manaments de

Nostre Senyor. No hi havia ni una sola falta d'ortografia, les enciclopèdies multimèdia no n'acostumen a fer, però tenia una petita pega: L'esmentada biografia breu de Vladimir Illich Ulianov, Lenin, començava amb el seu naixement l'any 1870 a Simbirsk i acabava majestuosament, passades escrupolosament deu línies exactes directament impreses de la *web* utilitzada en aquesta ocasió, amb la seva entrada a l'escola maternal a l'edat de tres anys.

El *velociràptor* va acabar per entendre que la trajectòria ideològica de Lenin, de la precocitat del qual no tenim cap motiu per fer-ne escarni, no es va completar durant els seus tres primers anys de vida, i que la seva tasca revolucionària va ser fruit de l'experiència, del raciocini o de la irracionalitat –vés a saber–, i de la maduresa intel·lectual. El Lenin lactant fou de ben segur un bebè despert i eixerit, però difícilment podia liderar una revolució mentre tot just s'alliberava dels empipadors bolquers.

EXEMPLE II: Per parlar de la segregació racial els alumnes havien vist a classe la pel·lícula *Cre-*

ma Mississipi, l'havien comentada àmpliament i *a posteriori* havien de realitzar una sèrie d'activitats previstes en un detallat guió de treball. Una de les activitats consistia a situar l'acció del film en l'estat corresponent dels Estats Units, localitzar-lo en un mapa i explicar algunes de les característiques de l'Estat de Mississipi.

Un dels alumnes, velociràptor cinturó negre, va presentar un mapa acuradíssim amb cadascun dels comtats, l'exacta trajectòria del riu Mississipí, la utilització del sòl, les zones industrials i mineres, els nivells de contaminació i altres detalls que la professora ni tan sols havia insinuat, perquè evidentment no pretenia elaborar una tesi al respecte. La informació escrita, diverses pàgines baixades directament d'un CDRom, que flairem ja amb un delit quasi morbós i amb la mateixa claredat com s'olora el pa calent, els croissants en sortir del forn, o bé el gessamí en una nit d'estiu, s'estructurava en apartats tots ells documentadíssims. Cal, però, parar esment en el dedicat a les característiques geogràfiques de l'estat, que reproduïm exactament, tret dels fragments sobrers:

«MISSISSIPI. *Geo.* [...] Estat de la regió Central-Sud-Est dels EUA. Limita amb Tennessee al nord, amb Alabama a l'est [...], a l'oest limita amb el riu Homon.. [...]»

Cal dir que la reacció no va ser immediata i que el desconcert genera dubtes que ni la formació més sòlida pot esborrar. El riu Homon és potser un afluent important del Mississipí que desconeixies fins aleshores i que no figura al planisferi mural? Consultat el Departament de Ciències Socials en ple durant una de les reunions habituals no vam aconseguir treure'n l'entrellat, ningú no ha sentit parlar d'aquest maleït riu. Convé doncs assenyalar amb un interrogant l'afirmació de l'alumne per tal de confirmar-la més tard. També pots fer veure que no has trobat res d'estrany. Però, revisat novament l'exercici en qüestió, t'adones dels dos puntets que segueixen al terme Homon. Curiós, si més no.

Cal, però, i això ho acabes aprenent vulguis que no després de moltes hores de vol, no contrariar els CDRoms. L'Astèrix tenia la poció màgica, Superman podia volar, el Dioni tenia un furgó blindat, les fades tenen una vareta prodigiosa i els estudiants d'ESO tenen els CDRoms i molts d'ells estan connectats a Internet. El valor de veritat absoluta que abans s'atorgava a la lletra impresa es fa ara extensiu als CDRoms o a la xarxa; i –mai millor dit– no hi ha volta de full.

En aquest cas, en efecte ho era, el riu Homon.. –així amb dos puntets enganxats– no és altre que el mateix riu Mississipí al qual el CDRom es refereix com a *riu Homònim* fent servir l'abreviatura adient. *Voilà!*

Un procés un xic diferent va seguir el velociràptor *number one* que havia de respondre a casa a la pregunta «¿Qui va ser Plató?», inserida, com sembla lògic, en el tema de la *Grècia Clàssica*, apartat *Cultura*. Cal afegir que prèviament el filòsof havia estat explicat a classe.

Passant per alt aquest fet, així com la formulació de la pregunta que ja indica que es tracta d'una persona i possiblement rellevant, la resposta fou:

«Plató: En cinema i televisió, espai cobert i clos, adequadament equipat, que serveix com a escenari per al rodatge de les pel·lícules.»

El velociràptor, ofès pel senyal vermell i implacable de la professora que invalidava la seva definició travessant-la de dalt a baix, s'acostà a la taula molt indignat per tal d'exercir el seu dret de protestar i de manifestar, tot sigui dit, el seu absolut convenciment que Plató era el que deia la seva sacrosanta, i mai prou ben lloada, Enciclopèdia Multimèdia.

No va ser fàcil fer-li entendre allò de les diferents accepcions d'una mateixa paraula, ni demostrar-li que en definitiva tots dos teníem raó, però que la professora, si més no, en tenia una mica més.

Aquestes i altres sorpreses ens reserven els velociràptors mentre pasturen entre les *webs,* salten agosarats de pantalla en pantalla, escanegen imatges impossibles i s'entortolliguen els dits en prémer a velocitat de vertigen els botons del *mouse* hipermegaràpid.

Treballem, treballem, que la civada guanyarem

Superades amb penes i treballs les primeres setmanes de curs, corregits, retornats i comentats els exàmens, quaderns i treballs, arriba immisericorde l'avaluació. Cal estar en disposició de valorar els continguts assimilats per l'alumne al llarg del crèdit, la correcta aplicació dels procediments treballats i les seves actituds, els seus valors i les normes que demostra respectar. El grau de dificultat, si vols ser rigorós, és tan elevat a l'hora d'avaluar, que no és estrany assistir a discussions eternes i gordianes sobre si el respecte al material és un hàbit adquirit, una actitud personal o bé un contingut assimilat al llarg de les hores de tutoria. I, ara per ara, amb el temps transcorregut d'ençà de l'inici de l'ESO, tampoc és que ho tinguem gaire clar.

Superat el setembre, són moltes les hores que dediquem a esmenar exercicis, corregir treballs i qualificar controls. Volem dedicar un capítol als treballs que els professors som tan afeccionats a demanar als nostres alumnes. Si abans calia afegir: «El que tingui màquina d'escriure que la faci servir», aviat caldrà recórrer el camí en sentit contrari: «Si us plau, aquest treball el vull del vostre puny i lletra, res d'ordinadors, manuscrit.» I no és que tinguem res en contra de les noves tecnologies. Ens en guardarem prou!

Els treballs dels nostres alumnes han assolit uns nivells pel que fa a la presentació –acuradíssima– i a la profusió d'imatges i gràfics en blanc i negre i en color que mai no hauríem somiat. En temps juràssics –la nostra època–, s'imposava la tirania del típex, la goma, els llapis de colors, les tisores i la cola. Ara fins i tot cal remarcar un descens del nombre d'errors ortogràfics –mercès, no ens enganyem, als correctors informàtics–, cosa que fa la lectura més passadora.

Els nois i les noies que omplen d'hormones les aules i de brams i empentes els passadissos han crescut ensinistrats en la màgia dels processadors i dominen les possibilitats de qualsevol recurs informàtic al seu abast. Joves amos d'un món inabastable que encara han de conquerir pam a pam.

Són ingenus fins al moll de l'os, fins a les llàgrimes, i sovint pequen d'una innocència entendridora i d'una candidesa maldestra que fa esclatar la rialla del més seriós i exigent dels ensenyants. Només cal recordar aquell alumne que, fent un treball individual, afirma repetidament i sense enrojolar-se gens ni mica: «Voldríem concloure per acabar aquest capítol que...» Al bell mig d'un treball que l'alumne no ha dividit en capítols, sinó que flueix tal com raja –l'Enciclopèdia, *of course*–, i que indefectiblement obté l'anotació vermella del professor preguntant: «A aquesta conclusió hi heu arribat tu i qui més?»

El treball en equip mai no ha rebut atenció especial per part de psicòlegs o sociòlegs, i no perquè no tingui substància. Gràcies a un senzill treball col·lectiu el profe podrà determinar de seguida la consideració que mereix cadascun dels seus alumnes en el difícil camí de les relacions socials. Dominants i dominats, dirigents i subalterns afloren com la varicel·la quan es confecciona un treball en equip, i t'adones, amb la corresponent consternació, com n'és de difícil canviar el món. Vegem-ne un parell de possibilitats:

a) En el millor dels casos, un dirigeix i els altres obeeixen. L'obedient, altrament dit *pardillo*, *pringat* o *primavera*, acostuma a endur-se a casa bona part de la feina davant de la indiferència o l'escàs interès demostrat per la resta.

b) Cadascú s'encarrega d'una part i després l'ajuntaran i faran la tapa. Els criteris de ponderació dels nostres alumnes són insondables, per això qui ha fet la tapa (una de les parts més importants del treball, com tots sabem) acostuma a acostar-se al professor i dir com qui no vol la cosa: «La tapa l'he feta jo», amb la intenció secreta d'obtenir una lloança per l'esforç d'escriure i imprimir una portada. El profe, bregat en batalles semblants, acostuma a inquirir: «I què més has fet?» L'interfecte emmudeix i es volatilitza instantàniament, ja que ha vist amb qui es juga els quartos i considera oportú no entrar en un interrogatori exhaustiu.

En qualsevol cas, cap opció és gaire interactiva, per molt que aquesta sigui la paraula màgica que fa vendre enciclopèdies i CDRoms.

La informàtica ha capgirat l'assumpte cabdal de la llargària, i les pàgines s'estiren i s'arronsen en funció de les necessitats i de la conveniència. L'interlineat, els marges, el grau de compressió de la lletra, però especialment la font (tipus i cos), triada a voluntat, fan miracles, són una vertadera vareta màgica a les mans dels nois i les noies avesats al teclat i als seus secrets més recòndits.

Creuen, induïts pel protagonisme que tot adolescent s'atribueix i que la vida s'encarregarà de bandejar, ser els únics habitants d'aquest planeta que dominen els recursos informàtics. Estan convençuts que els seus professors, que pertanyen a una generació que s'estancà en la màquina d'escriure, la tele en color, el comandament a distància i el forn elèctric, desconeixen les possibilitats que l'ordinador posa a l'abast dels seus dits.

Alguns del joves autors, que per mandra o perquè el tema tampoc no dóna per a més no arriben al mínim de pàgines indicat, utilitzen una estratègia que creuen astuta, sagaç, gairebé genial. Confegeixen els seus textos per a professors Rompetechos, que, per a aquell que no ho recordi, era un personatge de còmic miop perdut, incapaç de caminar sense ensopegar amb les voreres o caure claveguera avall tot i que duia vidres de cul d'ampolla.

Seguint aquesta tàctica hem pogut gaudir de textos com el següent:

«Collserola, és, per la seva situació, el pulmó essencial dels centres urbans que l'envolten. Però no és només verd o jardí, o un mirador excepcional de...»

És la reproducció fidel del contingut i el format d'un fragment molt breu, tot i que no ho sembli, d'un treball escolar realitzat utilitzant un cos 20 que aconseguí la mítica fita dels 5 fulls sol·licitats.

D'altra banda, i per acabar aquest capítol dedicat al divinitzat Treball, cal parlar de l'alumne reduccionista, l'afeccionat al minimalisme, gairebé nihilista. Aquest noi, aquesta noia, no responen a un perfil únic, no són especialment introvertits ni tímids ni tenen l'autoestima baixa, com cabria especular. El reduccionista fuig de la malversació, refusa qualsevol mena de profusió o malbaratament i és un individu convençut i poc donat a exhibicionismes. La seva tirada envers el mínim esforç i l'estalvi energètic produeix portades glorioses, inesborrables, dignes d'esment.

Només l'alumne reduccionista pot presentar un treball de Ciències Socials amb aquesta lacònica portada:

LA
RE
RU

Dani

Només la perícia del profe de Socials podrà dexifrar i identificar aquests fulls com a treball sobre la Revolució Russa fet pel Daniel Martínez de 4t C.

Les valoracions, les opinions personals que sovint serveixen de cloenda dels treballs, per indicació expressa del professor o la professora pertinents, també mereixen unes línies. Com que ja fa anys que la pedagogia proclama que cal que els estudiants edifiquin amb el temps un criteri propi, construeixin al llarg de l'escolarització personalitats raonables, que es fomenti la seva capacitat d'anàlisi crítica i que s'exigeixi d'aquests aprenents de ciutadans un sòlid raonament lògic, cal que demostrin per escrit que es troben en el bon camí opinant sobre els temes més diversos, que abasten des del malestar social a la novel·la romàntica o la contaminació de les aigües freàtiques.

Mancats potser d'interès, d'experiència, de recursos i d'estratègia, acostumen a fer asseveracions concises, sovint demolidores i difícilment criticables:

«Aquest llibre ha estat bé.» I tot seguit una signatura (Marc, Vane, Vero, Oriol, Laura...) que entre garlandes rubrica aquesta opinió personal tan elaborada i enriquidora. O bé:

«No tinc cap opinió sobre aquest tema.» No hi ha res com ser una persona honesta per anar per la vida.

«M'ha semblat interessant.» Qui no es conforma és ben bé perquè no vol.

«No està malament, però pot millorar.» Apreciació habitual i, com podeu comprovar, gairebé irrefutable.

«És distret però jo canviaria el final.» Valoració que apunta una creativitat insinuada però que desafortunadament no arriba a materialitzar-se mai.

«Jo crec que són tots bojos.»

L'imperi televisiu

Que la televisió forma, informa, conforma, deforma, malforma i transforma no és un descobriment que ens vulguem atribuir. Neil Postman ja ha expressat reiteradament les seves idees en diversos llibres, i no ens sembla cap disbarat dir que la televisió, com ell afirma sense embuts, signifiqui un detriment de la lletra impresa i per tant el retorn a l'oralitat medieval, aquell temps remot on pares, fills i cabres compartien habitacle i costums. El que és ben cert és que la televisió té el poder de captivar l'atenció dels adolescents i de segrestar-la, de forma que tot allò que apareix a la pantalla ocupa un lloc prioritari en el seu univers cognitiu.

De quina altra manera s'entén que desconeguin sovint el nom dels escriptors, pintors o músics més cèlebres però siguin capaços de parlar durant cinc minuts de l'inefable «conde» Lecquio o del «padre» Apeles, tots dos d'infausta memòria?

La prepotència del mitjà televisiu forma part del seu món des del dia que neixen. Tots ens hem trobat amb piles de Vanesses, Cristians, i alguna Abigail, noms estretament emparentats amb la millor tradició televisiva que competeixen a les aules amb els noms tradicionals (Joan, Josep, Carme...), amb els que han esdevingut habituals a cop de sentir-los (Elisenda, Marc, Oriol, Arnau, Alba, Andrea...) o amb els de procedència exòtica (Atzatu, Hamal, Muhammad...). Noms foranis que han passat el sedàs, abans tan fi, del Registre Civil. Ens consta el cas d'un professor que el primer dia de classe passa llista i vet aquí que apareix un Kevincostner seguit dels dos cognoms de rigor, que evidentment no resultaven pas tan cosmopolites. Així, com sona, Kevincostner, tot junt, per fer més ràbia.

Un llibre a part mereixen les sèries televisives dedicades al sector de població adolescent, que, com si no en tinguessin prou d'haver de travessar la tumultuosa adolescència, són considerats habitants, no gaire desperts, d'una altra galàxia. Problemes com l'atur, la separació dels pares, les malalties més traumàtiques i doloroses –anorèxia, depressió, alcoholisme–, són presentats pels serials com un seguit d'anècdotes curioses i de recursos dramàtics que es resolen indefectiblement de forma favorable amb l'ajut espontani dels protagonistes.

Els protagonistes, joves afavorits per la fortuna, que els ha dotat per regla general d'un físic prometedor, es deixen dur per les passions més desbocades; i no ens referim només a l'amor romàntic, sinó a l'enveja, a l'ambició desfermada, a la traïció, a l'amistat decebuda o a la infidelitat, que ocupen hores i hores de tediós metratge en el més pur estil *Dallas* o *Falcon Crest* versió junior.

Nois i noies esvelts i ben formats que fastiguegen de tan bufons. No coneixen l'acne ni el greix dels cabells, ni les pistoleres, ni fan servir ulleres. No tenen problemes per comunicar-se, i generalment són ben acceptats pel grup, que els fa costat plogui, nevi o faci sol. No hi ha taps de bassa, ni mamelles enormes que desfigurin la silueta, no es coneixen els nassos *king size* (tipus Cyrano) ni les orelles Topo Gigio.

¿Què poden tenir en comú els nois i noies d'ESO que tots coneixem amb els fantàstics personatges de les telesèries? És difícil respondre una qüestió que no té resposta aparent, però, *voilà!*, n'hem trobat una, l'única possible, la correcta: tots criden com esperitats.

Pel que fa als adults que surten en aquestes sèries, no veuen els senyals més evidents d'un problema tan greu com ara l'anorèxia, un embaràs no desitjat, una depressió profunda o una drogoaddicció. Amb els ulls ben oberts miren a la càmera, somriuen i es fan mitges confidències mentre se serveixen gots de whisky i passegen desvagats per l'interior de les cases. No volem ofendre, però ratllen la deficiència mental i la ceguesa total i absoluta d'ambdós ulls, tot i que no se'ls nota en absolut; i no aconsegueixen veure mai el que tenen davant dels morros.

Cases, d'altra banda, generalment ben equipades, on (vés per on!) la tele mai no ocupa un lloc preeminent ni acostuma a estar engegada, cases on no s'acumula en grans piles la roba per plegar i planxar i on homes i dones fan tasques domèstiques que sempre els resulten gratificants. Les famílies, generalment ben avingudes, parlen, parlen i parlen mentre esmorzen –cosa que, sorprenentment, fan tots plegats i entaulats com si tampoc no tinguessin rellotge–, dinen i sopen.

Els adolescents, extraordinàriament ben disposats, desparen la taula i renten els plats sense haver de sentir l'ordre estremidora que la mare crida als quatre vents. Les habitacions d'aquests nois i noies semblen aparadors: endreçades, netes, polides i amb el llit fet, que ja ens direu on s'és vist. Els marits ajuden solidaris les seves esposes abans fins i tot que elles reclamin, amb crits i amenaces, un cop de mà. No cal continuar posant exemples. *C'est la vie*, a la caixa tonta. No tot ha de ser realisme, que per a això ja hi ha els documentals del 33.

Si abans ens referíem a un expert sociòleg nord-americà, ara parlarem d'experiències més properes. No som les úniques corpreses per la influència de la televisió en els cervellets més tendres. En un diari barceloní (*El Periódico*, 19 de març de 2000) un periodista recull algunes de les incongruències que ha detectat en una petita enquesta efectuada a adolescents procedents de diferents instituts. Destriem aquelles respostes més xocants que ens permeten deduir la importància dels continguts televisius que durant hores s'empassen els nostres alumnes.

Expressions com ara «capella ardent» que sentim gairebé setmanalment en els telenotícies, bé sigui per un atemptat, una mort natural o un homicidi, són interpretades de formes ben extravagants per alguns adolescents, que afirmen que es tracta de: «un templo cristiano que se quema», «donde se encimera a la gente».

N'hi ha que afirmen que el negre de Banyoles és aquell «que va sortir a Força Barça», i d'altres recorden la personalitat de Julio Anguita no per la seva filiació política –que desconeixen–, sinó perquè va patir un infart que va ser recollit en els telenotícies. Dos nois declaren que la dona més important de l'Estat espanyol és Penélope Cruz, i que Ana Bolena és la dona d'Aznar.

Hi ha una noia que afirma tranquil·lament que «cardenales» són «Nord, Sud, Est i Oest», i un xicot que parla de Milosevic en aquests termes: «un futbolista molt dolent». De Goya un noi recorda que «són uns premis en els que va haver-hi un accident amb el sostre», però no té ni idea del pintor que va donar nom al premi, alhora que un altre afirma que Lasa i Zabala van ser «uns policíes que van morir durant la resolució d'un cas», i fins i tot n'hi ha un que remata el festival de despropòsits afirmant que la tolerància és «una branca de la justícia» –afortunadament no afirma que es tracta d'una especialitat gastronòmica, d'una dieta fantàstica per aprimar-se, d'un CD, o d'un peix abissal.

També és digne d'esment el cas d'un xicot que es refereix als tubs d'assaig de laboratori com a «tubs Rottemmeier», en record de la institutriu de Clara, la nena fleuma de la sèrie de dibuixos *Heidi*. Per què no recordar també l'alumne que enfrontat a l'enrevesada pregunta «què és una *piara*?» afirma del tot convençut que és un tipus de paté que anuncien a la tele?

Un dia la mestra porta tota la classe a visitar el Parc de la Ciutadella, els ensenya cada racó, explica, comenta i contextualitza monuments i edificis. La feina que l'alumne ha de fer a casa consisteix a identificar una sèrie d'imatges com aquesta:

Resposta: «Mary Poppins»

Potser la televisió, la responsable que una noia respongui a la pregunta «¿por qué la novela de caballerías es una novela de aventuras?» afirmant, amb tota naturalitat, que la raó és «que luchan constantemente contra los indios». Fins i tot l'home assenyat que era Sancho anava errat. No eren gegants, ni molins de vent, eren *sioux, arapaho, navahos* a tot estirar. Si Cervantes ho sentís es tallaria el braç que li quedava per llançar-l'hi pel cap.

L'ESO, una història alternativa

Els professors de secundària ens comuniquem i ens solidaritzem els uns amb els altres. Els llocs de trobada són diversos: un sopar amb antics companys d'aquells que deixes enrere en el llarg periple fins a arribar a la teva plaça, la definitiva; algun curset adreçat a actualitzar coneixements i mètodes didàctics, o bé fins i tot la cafeteria de l'atabaladora Fira de l'Ensenyament.

D'aquestes opcions, cal destacar-ne la primera, el sopar que deriva espontàniament cap a la catarsi col·lectiva entre got de vi, copa de cava i *xupito* del que s'escaigui. Eixelebrats, més que contents, amb la conversa fàcil i el riure a flor de llavis, és un gran moment, el millor.

Les reunions o els sopars serveixen, sobretot, per transmetre informació. Sovint es tracta d'informació xiuxiuejada a cau d'orella, confidencial, secreta. Aquestes informacions tenen la mateixa garantia de certesa que la que fa referència als fons reservats, que ningú no pot contrastar. «Ningú no sap d'on vénen ni on van, però vénen i van.» És un fenomen semblant al de la maleïda carta del pare Ataulfo Remi que has d'enviar a deu pobres coneguts si no vols córrer el risc de patir desgràcies irreparables. No saps mai d'on prové, però el cas és que t'ha arribat i t'ha espatllat el dia.

En aquestes reunions alguns de nosaltres recollim anècdotes de la vida professional pròpia i aliena amb l'amor i la dedicació del bon col·leccionista, anècdotes que no sempre confessarem al psicopedagog del centre per una mena de pudor d'origen obscur, però que deixem anar entre els companys quan el clima és propici.

Amb aquest capítol iniciem un seguit de pàgines dedicades als errors que al llarg d'un curs escolar es poden detectar en les produccions orals i escrites dels alumnes de secundària. A l'ESO, s'hi escriu una Història alternativa. La Història és la primera matèria que tractem i on més ens estendrem. Hi ha dos motius poderosos que expliquen aquesta circumstància:

a) És la matèria que millor coneixem, la nostra, tot i que trobareu anècdotes procedents d'altres àrees del coneixement escolar que ens han estat gentilment explicades per professors de les diferents matèries i en ocasions pels mateixos alumnes.

b) És, sens dubte, la matèria que millor es presta a malinterpretacions, a deformacions, a confusions i a sarcasmes. Tot seguit trobaríem les llengües i les Ciències Naturals.

Com podreu comprovar, l'estratègia utilitzada per respondre preguntes que no domines o per redactar definicions de les quals no tens la més remota idea sobreviu al llarg del temps. ¿Qui no ha improvisat una resposta inventada de dalt a baix esperant que tingués alguna relació amb la pregunta formulada? Qui no ha tocat d'oïda algunes tecles i si passa, passa?

Doncs exactament això és el que han fet sovint els estudiants al llarg de la no gaire llarga història de l'escolarització generalitzada.

Intentarem al llarg d'aquest capítol fer un recorregut diacrònic que va des de la Prehistòria, passant per la Història Antiga, Mitjana i Moderna, fins al present. Acabarem amb un apartat de curiositats geogràfiques que faria plorar llàgrimes de sang i de consternació a tota la plantilla del *National Geographic*. Consignem en cursiva les respostes de l'alumne, incloses les faltes d'ortografia. Les acotacions i els comentaris són els que el professor o la professora van fer en llegir-les o escoltar-les o bé les que de *motu proprio* trobem més escaients. Sovint afegim tot seguit la resposta correcta, que no sempre és de fàcil deducció.

Hem decidit conservar la llengua original en la qual van ser escrits els disbarats i que sovint és el resultat, no gaire reeixit, de barrejar català i castellà... I d'altres. En acabar, podeu divagar lliurement sobre la concepció del temps i del món que resulta d'aquest frívol passeig pel passat i pel present.

La Prehistòria

Qualsevol estudi d'un període històric comença per la seva definició. La prehistòria seria una *época comprendida entre dos siglos.* Per aquelles coses de la vida, en aquest període tan precís de temps, va tenir lloc un fet fonamental, el procés d'hominització, que consisteix, com tots sabem, *en que es produeix un gran creixement del cervell però no del crani* i al qual segueix, inevitablement, una fastigosa explosió cranial estil *Pulp Fiction*, que es deriva de la pressió intercranial generada.

Els estudis que antropòlegs i arqueòlegs realitzen arreu del món deuen deixar ben freds els nostres alumnes. Que amb fragments tan mínims d'ossos elaborin teories respecte dels orígens de l'ésser humà els deu semblar ciència ficció. Al cap i a la fi, tot és molt més senzill del que sembla... *L'homo erectus és aquell que per primer cop va baixar de l'arbre.* Vés a saber si no va caure o no el van empènyer. *El hombre sedentario se llama así por que se sienta y piensa.* O mira la tele, juga a cartes, llegeix... *El hombre primitivo vivía en tabernas*, afirmació que si fos certa resultaria molt més divertida que la possibilitat, documentada pels prehistoriadors, de passar el temps a l'interior de cavernes fosques, probablement humides, és a dir, poc acollidores.

Egipte

L'Antic Egipte té una història fascinant i plena de possibilitats. Si tenim en compte l'enorme filmografia que ha generat, el còctel està servit.

Situem, per començar, la vall del Nil, al voltant de la qual es va desenvolupar una cultura tan pròdiga. *La vall del Nil es troba entre els rius Tigris i Eufrates.* Per què en diem encara la vall del Nil? A més, *el riu Nil desemboca varios días al año.* Afortunadament per als egipcis el Nil conserva el bon costum de desembocar 365 cops cada any de forma ininterrompuda i un cop més els anys de traspàs. Fins a la construcció de la presa d'Assuan el Nil es desbordava dues vegades l'any i inundava i fertilitzava les terres properes. És potser per aquest excés d'humitat que un alumne va arribar a la conclusió que embalsamar *es cuando hay mucha, mucha, mucha agua*.

Una característica que defineix la civilització egípcia és la seva escriptura. Un alumne va respondre que *els egipcis utilitzaven per escriure un sistema basat en els frigorífics.* No ha de sorprendre que fossin tan difícils d'interpretar, aquells frigorífics alineats segons un codi misteriós. El poble egipci sempre ha estat un xic extravagant i, no cal insistir-hi, tecnològicament avançat al seu temps. Malgrat tot, estem en condicions d'afirmar que per escriure els egipcis es basaven en els jeroglífics.

Grècia

Que els grecs eren un poble en moviment ho saben, si més no, perquè tots han vist alguna vegada –quin remei els ha quedat– documentals sobre la propera Empúries. Ara bé, sobre els motius d'aquesta necessitat viatgera hi ha diversitat d'opinions, i les associacions d'idees, que de vegades van tan bé, altres vegades juguen males passades. *Els grecs abandonen el seu territori per trobar noves terres fèrtils on plantar kellogs.* Com va dir un estudiós, «el campo, ese lugar remoto en el que los pollos corren vivos». O *els grecs abandonen el seu territori per poder plantar exclaus* (hem respectat l'ortografia original). Els esclaus, fins que ningú demostri el contrari, tenien un sistema reproductor exacte al nostre i, afortunadament –ja patien prou!–, no havien de passar mesos i mesos enterrats fins als genolls esperant assolir l'alçada òptima.

Sigui quina sigui la causa de tanta mobilitat territorial, el que està ben clar és que no tenien GPS. *Alexandre el Gran conquereix Egipte i Sòria* (per Síria*) camí de l'Índia.* Alexandre, el macedoni errant, va patir un petit lapsus de milers de quilòmetres. Cal ser comprensius, tothom es despista algun cop. Era gran, però no infal·lible.

Sobre la vida quotidiana d'aquest poble tan cultivat, n'hi ha que es deixen anar. L'Àgora era *otra diosa griega*. Si l'àgora era una dona, la Polis no podia ser sinó això: *homes d'uniforme que empresonen els delinqüents*. També coneguts com a pasma, bòfia o grisos. També se'n diu polis d'una ciutat-estat grega, que dóna lloc a paraules com metròpolis, acròpolis i necròpolis. Seguint aquesta lògica un Oracle no pot ser altra cosa que *un forat fet al terra naturalment*, i l'Acròpolis és *donde viven los acrópolos*. Elemental, estimat Watson!

¿Era massa pretensiós, després d'explicar abastament Grècia a classe preguntar pel seu art? Algunes respostes ho fan suposar: *Hacían botijos*. Si Fídies aixequés el cap...

Roma

La fundació de les ciutats antigues acostuma a explicar-se a través de mites. ¿Què dimonis devíem dir que donés origen a aquesta explicació? *Rómulo funda Roma cuando es abandona-*

do por su tío el cardo. No te'n pots refiar ni de la família. Aclariment: cardo i decumanus són les vies principals de les ciutats romanes.

Mentre un alumne afirmava en un examen que latifundi vol dir *que parla llatí*, un altre afegia que *en el año 27 a.C. Octavio es nombrado latifundio.* I un tercer rematava: *Los romanos llaman Mare Nostrum al Mediterraneo porque no sabían cómo se llamaba.* No té res a veure, sembla ser, el fet que el mar en qüestió fos seu. De nord a sud i d'est a oest, tot absolutament seu.

Edat Mitjana

No sense motius afirmaven ja fa anys i panys els historiadors que es tractava d'una època fosca i tenebrosa. Però mai no hauríem dit que en fos tant. Ni Martí de Riquer s'atreviria a conviure amb aquests espècimens:

Los señores feudales eran dioses monoteistas. S'entén que ningú els discutís el dret a cuixa. La noblesa sembla que tenia altres característiques que la feien força interessant: *no podían ser de ella si no tenían sangre y no era familia de ese grupo.*

Vegem però com s'interpreten les formes productives: com que no tenien tractors, *se hacían surcos con las bacas y como con un palo de hierro sujetado a la baca por unas cuerdas.* També anomenat vulgarment arada, que pel que podem deduir era de tracció a les quatre rodes. Els senyors sempre tenien les de guanyar: *En las tierras del noble se uvicaba la casa del señor, el molino, la tostadora de pan...*

Un cop respostes les preguntes que feien referència a la noblesa i als serfs, fem una ullada a l'Església, que en aquell moment detenia una part molt important del poder econòmic, polític i espiritual, és clar. Com s'ho feien? Els benedictins ho tenien ben clar, per això van proclamar l'*ora et labora*, que *es cuando los monjes oracionan mientras trabajan en el campo.* Si els nans de la Blancaneus cantaven, per què els monjos no poden *oracionar* i aprofitar el temps com Déu mana? I a més tenien altres opcions, segons ens informa un alumne: *Y también podían meter-*

se a unas escuelas para curas donde el que pasara las pruebas pasaría a ser obispo. And the winner is...

En la Edad Media, gobernaban los Reyes Catalónicos, just quan l'inefable *Colón se fue con tres calaveras.* Si Hamlet en tenia una per què Colom no podia marxar amb tres?

Quan es parla d'aquesta època, s'aprofita lògicament per parlar de l'Islam. Encara que es posin en dubte historiogràficament les bones relacions entre jueus, musulmans i cristians en aquell Toledo mitificat, com a exemple sempre queda bé. Això si arriben a entendre alguna cosa. *Els musulmans durant el Ramadán, estan obligats a donar llimosna cinc cops al dia.* Què en deuen fer, de tants diners, els captaires? *Estan obligats també a dar acobijo.* Encara que ho trobin al diccionari no aconseguiran saber de què es tracta. I per tancar definitivament l'apartat, l'alumne remata amb la famosa frase: *Si Maroma no va a la montaña...*

I vulguem o no, tornem a tocar el tema de l'art, que potser hauria de tenir més hores lectives, si més no per fonamentar millor els coneixements. Un *retablo* és *donde comen los animales.* També anomenat pels castellans més primmirats *establo.* I *la catedral de León fue construida por los romanos gracias a un arquitecto americano.* Yankee doodle came to town...

Edat Moderna

Si identificar personatges històrics és una llauna, a partir de l'època moderna la cosa es torna terriblement endimoniada. Cada Cort tenia els seus pintors, i aquests, per justificar el sou, no paraven d'omplir teles. Tothom ha quedat retratat, els nostres alumnes també.

Lluís XIV era rei de França durant els segles XIV, XV i XVI. La història demostra que els rics i poderosos viuen més. Com que aquest era un monarca absolut va viure molts anys.

En canvi Pizarro era un ningú, simplement un *material amb el que es construïen les catedrals*. Magallanes ni va intentar donar la volta al món ni res, només era una colla d'*indígenes que troba Colon quan arriba a Amèrica*.

I Gutenberg per art de màgia es topa amb allò del caçador caçat, si hem de jutjar per aquesta definició: *El primer llibre que es va escriure amb la imprenta.*

Deixem-nos d'anècdotes i anem al tall. Vegem què era l'Antic Règim, que això sí que ens interessa: *Dieta que seguían los antiguos y que no les permitía comer mucha carne.* Com que no menjaven gaire carn, s'havien de dedicar a les hortalisses. Per això preguntàvem què era el *conreu mixt.* Un gentil alumne respon sense manies que és *quan al camp hi treballen homes i dones.* Com a les perruqueries unisex o a les botigues de moda, sense discriminació de sexes.

Però s'esdevingué una revolució que va capgirar la història, i és bo saber que *a la Revolució Industrial treballen els nens i les dones grasses.*

Amb tantes revolucions tot va quedar de cap per avall, i un francès entremaliat va proposar la divisió de poders com a nova forma de funcionament polític. Vam cometre l'error de convidar l'alumne a respondre amb les seves paraules: Divisió de poders *és quan reparteixen, això per tu, això per mi...* El govern per a tu, el parlament per a mi, els tribunals per al de més enllà.

Les ideologies són un terreny pantanós que va costar la vida a més de dos. No sabem si en aquella època tenien molt clar a què es referien quan parlaven de sufragi; aquesta noieta no gaire: *quan un vaixell s'enfonsa i la gent cau a l'aigua i s'ofega.* No sabem si la catàstrofe esdevé abans o després d'anar a exercir el dret de vot.

No demanàvem definicions etimològiques, només el que s'havia explicat a classe... d'història, és clar! Utopia *és por donde circulan los coches.* Via circulatòria que va de conya, a mig camí entre l'autopista i l'autovia.

Edat Contemporània

Afortunadament és la que ens queda més a prop, encara que no ho sembli.

Algú podria suggerir que preguntar tan sovint per personatges històrics concrets és, vista l'experiència, perseguir els alumnes amb la creu del suspès. Si tenen la memòria ram col·lapsada amb la gentada que entra i surt de les successives edicions de *Gran Hermano*, els d'*Operación Triunfo* o la televisió-escombraries que toqui, hem d'entendre que no hi ha lloc per a més onomàstiques. La vida és dura.

De vegades és millor no esplaiar-se i respondre lacònicament a preguntes poc definides com: Comenta algo del 2 de mayo. Resposta: *De que año?*

Bakunin era una *vacuna inventada per Marx per arreglar la societat*. En aquesta mateixa línia, l'anarquisme *es una ideología racional y astringente*.

Lenin, malgrat tot, surt més ben parat, era el *líder de la revolució russa que l'any 1917 aconsegueix per fi pujar al tron* de Rússia. Tota una revolució, milers de morts, un país sencer cap per avall, tot plegat per acabar esdevenint el tsar Vladimir. Hi ha qui divergeix: *La revolución russa consiste en que Lenin sube y baja del trono constantemente*. Aquest Lenin era com el cul d'en Jaumet.

La proximitat no clarifica les idees. Parlant de Francesc Macià, una veu no identificada sorgida d'enmig de la classe, exclamava: *Como le pueden poner a uno nombre de calle?*

No crèiem que hi pogués haver cap dubte respecte a la nacionalitat de l'arxiduc Francesc Ferran assassinat a Sarajevo l'any 1914. Resposta colpidora: *català*. Raonament deductiu aplicat, explicat de viva veu: *És clar, si es deia Francesc Ferran...* És a dir que podem arribar a concloure que eren catalans: Adolf Hitler, Napoleó i Caterina II o *en Franc, el dictador, que va morir l'any 1975 després d'una llarga malaltia*. Un altre català, el Franco, especialment interessat en la preservació del fet diferencial.

I ja que som a casa, comentem aquestes sigles: ERC, o l'*Estatut Restauracionista de Catalunya*. Un segon alumne respongué: *Estat Espanyol al segle XIX endeutat fins el cul*. Això, no ho diuen a en Carod a la cara! I el Front Popular? *Es diu així quan hi ha molta gent*.

Una guerra, un milió de morts i vuit sessions de classe per escriure una barbaritat tan grossa!

La geografia del segle XXI

La geografia és una matèria dinàmica, evolutiva, mai no en saps prou ni has vist prou coses. No afegirem a aquest apartat tot un seguit de mapes que parlen per si mateixos, però recollirem alguns dels disbarats més significatius.

Los portugueses intentaban llegar a la India bordeando Àfrica por arriba del Atlàntico. El relieve de Japón es un relieve de costa, más bien de isla. Més aviat d'arxipèlag, si ens posem a concretar. I què hem de dir d'un país tan ampli com la Xina: *La densitat de població de la Xina és de 354 habs/m^2.* Molts xinesos, a la Xina. Quilòmetre amunt, quilòmetre avall, Manxúria es troba a la Xina, però no tothom hi està d'acord. Manxúria: *ciutat gallega bombardejada pels japonesos.* Ni l'alumne va saber dir d'on ho havia tret.

La fonètica és la culpable de la majoria de relliscades dels nostres alumnes. Hauríem de revisar la nostra pronunciació? *Boligia, Buatemala, Bosnia-Segovina, Oxidente.* Són alguns dels nous conceptes amb què hem de treballar. Obviem l'escriptura de les repúbliques caucàsiques per raons que no cal esmentar. Ara, la geografia de la Península Ibèrica no es pot dir que la portin gaire millor:

L'euskera es parla a les illes vascongades. Si l'Arzalluz se n'assabenta li fa una cara nova a cops de *txapela.*

D'errors de geografia política en pot tenir tothom, al cap i a la fi, qualsevol dia et lleves i resulta que han aparegut tres països nous de trinca. La geografia física és més senzilla, i peti qui peti, un riu sempre serà un riu. Formación de las cordilleras: *Las montañas no se forman en uno o dos días, tardan mucho más tiempo en formarse.* Resposta d'una noia amb molt bon criteri. Potser triguen setmanes i setmanes.

L'ordre de la mestra deia:

Completeu aquest mapa mut amb el nom dels països europeus, no compten el errors, només els encerts.

Europa avui

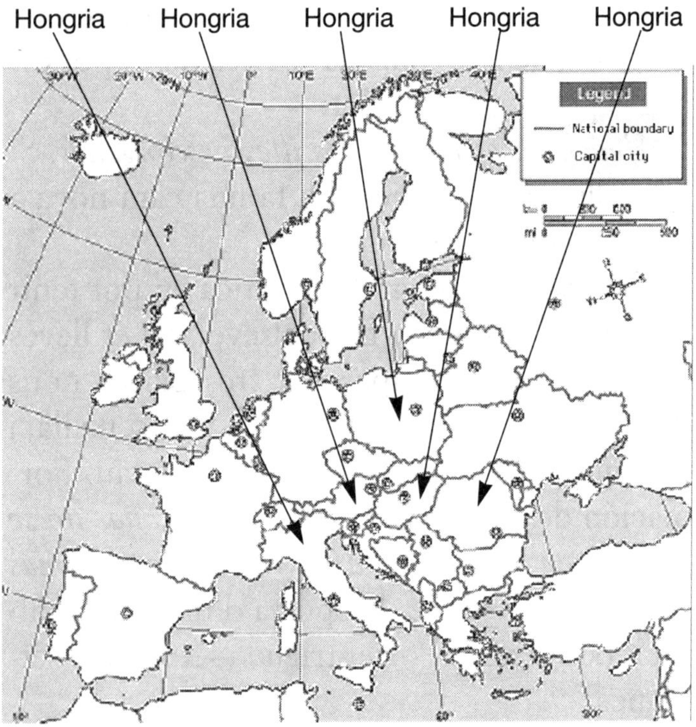

Qui té boca s'equivoca

El cerebro es un paquete de ideas arrugadas
que llevamos en la cabeza.

RAMÓN GÓMEZ DE LA SERNA

Els lingüistes podrien deixar-s'hi la vida analitzant escrupolosament, i passant pel sedàs finíssim del seu coneixement, la tipologia, l'origen, la freqüència i la gravetat dels errors que la nostra jovenalla fa en escriure qualsevol de les llengües que utilitzen. Nosaltres no ho farem pas (*Vade retro!*), però us oferirem un recull de disbarats selectes. Recordeu, però, que tots ens hem equivocat algun cop i que qui no hagi escrit mai a la vida una rucada de l'alçada d'un campanar que llanci la primera pedra. No serem nosaltres.

Començarem per l'anglès.

Les traduccions o són literals o no són. Tradueix al castellà o al català:

never: nunca
ever: unca
En bona lògica la traducció al català seria:
never: mai
ever: ai

El català i el castellà, tot i que són dues llengües properes a l'alumnat, que majoritàriament les parla i les entén sense gaires problemes, són trinxats sistemàticament, i el resultat és un seguit de despropòsits. Aquest és el cas del substantiu *desarrollo*, que trobem, un cop i un altre, transmutat en el terrorífic i malsonant *desenvolupamiento*, de la paraula *obispo*, que de tant en tant ens sorprèn transformada en *bisbo*, o de *tijeras*, que esdevé reiteradament *estijeras*. Exactament el mateix passa amb paraules catalanes castellanitzades, vulguis que no.

Català

Recollim només alguns dels disbarats més originals. Comencem per la literatura, per fer un homenatge a la gran capacitat lectora d'ells i d'elles.

El primer document escrit de la llengua catalana són «Les homilíes d'Ordenyar». Què diria el rector d'Organyà si el seu pietós escrit fos degradat a la categoria de fulletó picantot? Una Cançó de gesta *era la cançó que feien els monjos a les mises.*

Aquests altres exemples tenen relació amb el bon ús dels diccionaris, sempre tan primmirats: *Van venir uns oncles i el van apallissar.* No pots refiar-te de ningú, ni dels parents propers. La noia es referia al que en castellà anomenaríem col·loquialment *tíos*.

Una paraula tan a l'ús com *pagès* pot aparèixer escrita de diverses maneres: *payés, pallés* que fa el plural *pagelles,* i no a causa de la varietat dialectal, precisament. Un esdeveniment es torna *esdevenimiento,* i els vassalls són *basays*.

Un noi a qui es demana per escrit la recepta d'un plat que habitualment es cuini a casa seva ens ofereix aquesta: Ulls de poll a la madrilenya.

Davant d'aquesta disbauxa és del tot natural que algú dotat d'instint i paciència s'entretingués a ordenar la llengua i fer-li una gramàtica. Com que tot això s'explica a classe, un professor va preguntar qui era l'autor de la reforma ortogràfica catalana. Un eixerit mal informat va respondre: *La reforma ortogràfica del català és obra de Rafael Albertí.* Pobre Pompeu, tanta feina perquè un altre s'endugui els mèrits.

Castellà

Tornem a atacar per la banda de la literatura, és una debilitat. En un resum de l'obra *La vida es sueño* escrita al segle XVII, molt abans de les noves tecnologies i de bona part de les més antigues, *Rosaura le pide a Astolfo su fotografía y éste no se la quiere dar.* No ens ha d'estranyar tant, tenint en compte que *el castellano se difunde en el siglo XVI gracias a la radio.*

En la primitiva lírica española destacan las coplas de Elena Morado. Autora desconeguda en les antologies més documentades i que cal substituir per les *coplas del enamorado.* En la mateixa línia, *el Lazarillo lo escribió Anónimo*, un altre nou autor que tenim el gust de prejsentar.

Pel que fa als *géneros dramáticos menores*, cal tenir en compte el *sainete*, l'*auto sacramental* i el *aperitivo*. Aquest darrer no fa referència a una obra teatral curta que es representa tot just abans de dinar entre un pinxo de truita i una patata brava, sinó que cal entendre-hi *entremeses*.

El *Culteranismo* és un *movimiento histórico que cuenta que los Papas de un lugar se reunieron para que las gentes de allí tuvieran más cultura*. Lloable iniciativa que si hem de jutjar pel que afirma aquest alumne podria comparar-se a la funció de les AMPAS als instituts.

Fixeu-vos bé en la quantitat de definicions que comencen per *és quan* o *es cuando*. Molts de nosaltres, ensenyants de qualsevol disciplina, hem declarat la guerra a l'*és quan*, forma completament incorrecta però generosament utilitzada per la seva elasticitat i la seva polivalència. *És quan* serveix als alumnes per començar a parlar d'un procés històric, d'un experiment científic, d'un color concret, d'un to musical, d'un concepte religiós, és una al·locució màgica i multiusos, com els productes de neteja. D'aquesta batalla a favor de l'eradicació d'aquesta xacra difícilment en sortirem victoriosos, però estem valorant la possibilitat de fundar una associació filantròpica, una ONG, o qualsevol altra entitat que tingui com a únic objectiu la desaparició del *és quan* de la superfície del planeta. Podríem fer imprimir adhesius, buscar un bon lema i, posats a somiar, trobar un patrocinador com cal que es jugués els quartos per una bona causa.

Llegint una llegenda de Bécquer, la professora indica: «define la palabra templario». La resposta és: *cuando no está ni muy frío ni muy caliente.* Tebioneta i prou, com la llet de l'esmorzar que em fa la mama.

De vegades els professors compartim l'esperança que de les lectures, com de les pel·lis que veuen, en treguin coneixements útils per a la vida. De vegades ens conformem de comprovar que han fet la lectura obligada. Per això interroguem sobre paraules que surten en el text. Els resultats són millorables, per què ens hem d'enganyar:

Augurio: *lugar donde los hombres beben y juegan a póquer.*

O els fem utilitzar aquestes paraules en frases de construcció pròpia:

Yermo: *El yermo de mi abuelo se llama Luis.*

Colegiata: *Mi novio es muy colegiata.*

Els més arriscats els demanen que facin redaccions, qui sap, potser algun dia ens ho agraeix alguna editorial. Vegeu-ne un fragment: *las casas suelen tener tres o cuatro habitaciones, algunas dos, pero no se ha dado el caso.* D'aquí a uns anys, quan busqui pis, tindrà ocasió de rectificar.

Adverbio: *son aquellas palabras que nos dicen si una cosa está «lejos» o «cerca».* Barrio Sésamo *on line*.

Vegeu què li va passar a un col·lega per posar-se filosòfic. La frase era: «Dadme un punto de apoyo y moveré el mundo.»

La pregunta: «¿Qué función tiene la *y* en esta frase?»

La resposta va ser: *De punto de apoyo.*

L'explicació que els nois i les noies d'ESO aporten a alguns fenòmens de caire científic i tecnològic és mereixedora de figurar entre les millors pixades fora de test de la història de la docència. Hem aconseguit unes quantes d'aquestes perles conreades amb esforç.

–Com influeix la tecnologia en els transports?

–S'inventen la nevera, la rentadora, la televisió, el mòbil...

Una pregunta que semblava fàcil:

–*Què és un ecosistema* ?

–*Una ecografia del sistema solar.* Prova científica molt útil i que ens permetrà saber si el nadó és planeta, satèl·lit o bé un cometa menut i rodanxó.

Els temes astrals els queden molt lluny: *L'atmosfera és el lloc on es troben els procesos atmosfèrics com els núvols. A l'atmosfera es produexien els «raigs sísmics», que són aquells que originen els terremotos i el temblamiento de la terra.* Com en un còmic, els raigs que disparen els dolents baixen del cel i incideixen sobre la superfície terrestre, que tremola, batega i acaba obrint-se per la meitat, com un formatge de bola.

Resulta fascinant endinsar-se en el coneixement del cos humà i el seu funcionament a través d'algunes respostes que permeten fer retrocedir la ciència als seus orígens més remots.

–Movimientos del corazón: *De rotación alrededor de sí mismo y de traslación alrededor del cuerpo.* Hem llegit extravagàncies, disbarats de tota mena, afirmacions delirants, però això o bé ho ha somiat o està escrit sota els efectes d'algun al·lucinogen. Mengen tantes porqueries, aquesta canalla!

L'apartat sexualitat i els adjacents són tot un goig. Són plens d'errors, farcits d'equívocs i de múltiples interpretacions. Com deia Carnegie, «tot el que pot ser mal interpretat és mal interpretat sempre».

Parlant sobre l'incest, un espavilat respon de viva veu i sense espera:

–*Es lo de los viajes de los viejos*. Bé, és un xic més delicat que tot això. Sort que s'empassen els serials de TV3, que això de l'incest ho ha treballat una mica!

–L'ejaculació precoç: *És quan l'home ejacula molt abans de la ejaculació.* Sense comentaris, no calen.

La impotència: *Cuando el chico no se puede poner erecto.*

Una noia recomana *la utilitzación de una manguera para practicar una higiene genital correcta*... I un xic agressiva.

Sobre l'esterilitat encara se n'han d'aprendre moltes coses. Mentre un afirma que *és quan a l'home se li han morts tots els espermatozoides*, n'hi ha un altre que assegura que *és quan una dona no es pot quedar prenyada perquè és lesbiana.* Afortunadament per a nosaltres, els ensenyants, encara els podem explicar unes quantes coses pel que fa al sexe.

El clítoris ha assolit segons alguns noves capacitats, és un *òrgan elèctric* (per erèctil).

Fonaments religiosos

És cert que la proliferació d'ismes ja ha començat a provocar, a cops de desconcert, les crítiques més àcides per part dels intel·lectuals. Es podria parlar gairebé d'empatx, produït per una allau que devia començar pels expressionismes, i els impressionismes, devia seguir amb cubismes, vitalismes, surrealismes i ja es va precipitar amb dadaismes, postmodernismes, etc. Però, no ens enganyem, cap professor de secundària no és prou provocador per atrevir-se a preguntar el significat del dadaisme a cap dels seus alumnes. La cosa és bastant més senzilla, i el sentit dels ismes que es treballen és d'allò més clàssic.

Hi ha un aspecte en el qual els nostres estudiants manifesten unes aptituds gens menyspreables. En l'elaboració del conegut i admirat diccionari Alcover-Moll no es va tenir en consideració una capacitat sorprenent, la dels *adolescents-examinant-se-de-temes-desconcertants*, una capacitat que ha posat al descobert la seva habilitat per recollir i crear mots nous, o de trobar pistes impensables a la recerca etimològica.

A tall d'exemple, podem consultar el significat que els nostres joves, aprenents de lingüistes, aspirants ignots a la noble càtedra de la Institució de les Lletres, donen a conceptes que per ells mateixos ja fan una mica de ràbia, per reiteratius al llarg dels anys d'aprenentatge. Si no, a veure, per quins set sous un professor ha de qüestionar el significat dels conceptes que segueixen a uns noiets d'edats tan tendres?

Per definir el panteisme van posar les seves neurones en acció: *Ètnia que té un Déu universal.* Un altre afirma que el *panteisme* era *algo de Panteón.* N'hi va haver una que va trobar que era evident que panteisme era un referent *del pantocràtor de Sant Climent de Taüll.* Despistats? Sí. Equivocats? També. Però no podem negar que tots van ensopegar amb l'arrel de la paraula.

L'animisme sempre ha estat una religió més desenfadada, no ho podem negar. Només de sentir dir «animisme», al cap s'hi succeeixen un seguit d'imatges selvàtiques i feréstegues on un grup tribal, reunit al voltant del foc, toca el timbal i dansa frenètic entorn de les flames. És per això que ells tenen el significat més ajustat. Animisme: *quan no et sents molt bé i algú et posa la mà a l'espatlla i et diu: Au, vinga, ànims!*

El professor creia assegurar-los un puntet, fins i tot als més díscols i despreocupats, quan va preguntar el significat de monoteisme, però va descobrir una relació sorprenent de conceptes que potser valdria la pena d'estudiar. Monoteisme vol dir *solitari* segons un entès, i per a un altre, que devia copiar tafanejant a vol d'ocell per damunt de l'espatlla, *significa que es monótono o de la soledad*. I encara rematen la jugada. Monoteista és *una ètnia que no creu en Déu*. Un altre alumne afirmava que monoteisme vol dir que *manda uno nada más*. No sabem si Joan Pau II deu compartir aquesta opinió.

Politeisme és un concepte que pot generar agres controvèrsies. Sort que era un examen, i no pas un debat. Un alumne intuïtiu defensava que el politeisme *va sobre la política*. En canvi, un company manifestava que politeisme és sinònim de *mandar todos*, una mena d'anarquisme eixelebrat en el qual *todos juegan*, i com que manen tots, ja s'ho faran.

Què respondrien, posem per cas, si els preguntéssim sobre un concepte tan inabastable com ara la Santíssima Trinitat? O sobre les naturaleses de Crist? O sobre la resurrecció de Llàtzer? Per evitar les decepcions o els atacs de riure, mal vistos durant la Dictadura, els capellans, que sabien bé el que es feien, ho tenien ben muntat. No podia deixar-se res a la improvisació, sempre incontrolable, dels adolescents. Les màximes, de memòria, com Déu mana!

–¿Quién es Dios?

–Dios es nuestro padre, que está en el Cielo.

I punt. Que després es fan grans i s'atreveixen amb frases com aquesta que va aparèixer en forma de pintada als carrers de Londres:

«Déu no és mort: està ben viu, té bona salut, i treballa en un projecte molt menys ambiciós.» Ja s'ho faran, si es condemnen.

Música

Aquests disbarats i alguns altres ens han arribat a través de la xarxa. Tenim constància que els profes de música se'n fan creus. Jutgeu vosaltres mateixos. Cal advertir que hem respectat l'ortografia original.

EXAMEN DE MÚSICA

PREGUNTA 1: *La orquesta: definición, esquema de distribución de los instrumentos y criterio de colocación de estos instrumentos.*

RESPUESTA: La orquesta es cuando se junta mucha gente que toca, y toca la música. Los instrumentos se colocan unos delante y otros detrás y eso depende del tamaño, por ejemplo la gaita se coloca siempre delante.

PREGUNTA 2: *Características generales de la música barroca.*

RESPUESTA: Creo que hay un despiste en la pregunta, me parece que es la música marroca. Voy a contestar esto. La música marroca es la de los moros de Marruecos que es muy importante porque la tocaban los moros cuando iban a las batallas de conquista.

PREGUNTA 3: *Beethoven.*

RESPUESTA: Éste era un señor sordo que compuso la letra de Miguel Ríos o sea el Hino de la

Alegría. Pero cuando la hizo no era de rock. Daba muchos conciertos en la época de Franco y hizo también «Para Luisa» que no tiene paranjón en la historia de la música.

PREGUNTA 4: *Vocabulario musical. Define:*

Barítono: Es el que lleva la varita o sea el que dirige a los otros.

Soprano: Esto no lo sé.

Movimiento adagio: Eso no lo trae mi libro.

Movimiento allegro: Que lo cantan los músicos cuando, o sea están contentos.

PREGUNTA 5: *Brevemente comenta las características musicales de tu grupo/cantante/compositor favorito.*

RESPUESTA: A mí me gusta toda la música tanto así la vieja y la de ahora. Ejemplo: de la vieja Carminha Furada [per Carmina Burana], Maller [per Malher] y Faya que era español, de los nuevos me gusta Mecano, Siniestro Total, Los Burros, Allatola no me toques la pirola (con perdón) y otros muchos en general.

Ser o no ser, *this is the question*

Les relacions entre professor i alumne han canviat enormement en unes dècades. El llenguatge és col·loquial i les relacions, si cap incident no les enterboleix, de familiaritat i bon rotllo. Et feliciten pel teu sant si se'n recorden, s'interessen per la teva salut i t'etziben un: «però no estava malalta?» acompanyat d'una ganyota de contrarietat quan et troben pel passadís i s'havien fet la idea que no faries classe. Es congratulen pels teus èxits i et fan costat en moments difícils, com quan un professor experimenta la peremptòria necessitat de mocar-se i es gira d'esquena als alumnes durant uns segons. Un d'ells, poc amic de les contemplacions, diu en veu alta i amb el propòsit d'escarnir el profe: «Profe, que no se los vamos a quitar.»

L'ESO és una etapa de l'ensenyament d'assistència obligatòria, exactament igual com ho és l'ensenyament primari. Si un alumne acumula faltes sense justificar el càstig acostuma a consistir *in extremis* –després d'haver comunicat repetidament el fet als pares– a expulsar-lo un dia o dos de classe, una mica de feina extra o un seguit d'imaginatives sancions prèviament aprovades per una representació del Consell Escolar. Pel que pugui passar, les faltes s'intenten justificar, si més no quan hi ha bona voluntat.

Aquí tenim un exemple de justificant d'una falta d'assistència que l'alumne mostra al seu company de taula abans de lliurar-lo a la professora: «Carles no va poder assistir ahir a classe perquè es va haver de quedar a casa amb cojunivitis.» Comentari espontani i no totalment exempt de raó del company de l'alumne lleganyós: «Claro, no me extraña, te pasas el día tocándote los cojones.»

Un altre exemple, aquest cop d'un que fa pràctiques en oficis gens recomanables. Justificant, prèviament falsificat, d'una falta d'assistència aportada per un alumne més motivat per fer classe al carrer que a l'interior de l'aula: «El Toni no pudo venir ayer por que tenía gomitos.» La professora es va imaginar per un moment l'alumne menjant gominoles compulsivament durant tot el sant dia o bé connectat a un aparell de diagnòstic amb tubs i gomes i vés a saber què. El motiu al·legat pel Toni, que la mare es va encarregar personalment de desmentir aquell mateix dia, era que havia tingut intensos vòmits.

La falsificació dels justificants de faltes d'assistència o de retards és una pràctica molt estesa entre els nois i les noies que han decidit que els convé una mica d'aire. Cal, però, parar especial atenció als justificants escrits per alumnes nouvinguts, els pares dels quals encara no dominen ni el castellà ni el català i es limiten a signar el paperet i a confirmar, a ulls clucs, el que el fill o la filla al·leguen com a motiu de la falta. Sovint es tracta d'assumptes tan sorprenents i descoratjadors com tenir cura d'una germaneta, fer els papers de la resistència –llegiu-hi residència–, preparar el dinar o aturar tot sol una fuita d'aigua que ha inundat el pis.

I aquest any, què toca?

No volíem de cap de les maneres passar per alt les conseqüències, a hores d'ara difícils d'escatir, de la celebració de diverses efemèrides per part de la comunitat escolar. Quan de petits, i per tal de completar l'aprenentatge a l'aula, es triaven determinats centres d'interès, els nens i les nenes observaven a bastament la primavera, els colors, l'estiu o el barri. Es cobrien parets senceres a cops de fulla seca i cola per celebrar la castanyada, es pintaven bolets o es feien panellets que els pares s'empassaven amb un estudiat gest de delit.

A l'IES les coses canvien, els temes que es treballen ara són abstractes, transversals, i s'aprofiten, és clar, totes les propostes. La celebració d'anys dedicats a un àmbit de la vida, a un personatge o a recordar una problemàtica és una troballa. Hem celebrat les coses més diverses. Jutgeu si no: l'any internacional de la dona, de l'oceà, contra el racisme, per l'eradicació de la pobresa, l'any internacional de la tolerància, de la família, del voluntariat, de la gent gran, el dedicat a Pau Casals, a Mozart, a Vivaldi, o a les muntanyes. Enguany, el 2002, comptem amb la doble i fantàstica celebració de l'Any Gaudí i l'Any Verdaguer.

Hi ha moltes activitats de caràcter lúdic o didàctic que podem oferir als nostres alumnes per tal d'aprofundir en el tema que s'ha de tractar al llarg de l'any. La celebració de l'Any Gaudí ha permès fer passejades bucòliques, ben intencionades i perfectament organitzades, per les rutes d'aquests dos catalans il·lustres i candidats a beats o sants honorífics. En el cas de molts de nosaltres les passejades s'han convertit en un calvari. ¿Quants professors no hem vist corrent com esperitats pels entortolligats camins del Parc Güell buscant desesperadament un alumne extraviat, o un grup d'espavilats que han decidit aprofitar les boscúries per fer-se invisibles?

Entusiamats amb la celebració, la direcció de més d'un centre d'ensenyament primari i secundari, o el claustre sencer de comú acord, han pres decisions previsibles, com ara la de fer disfressar per carnaval els alumnes prenent com a referent i font d'inspiració l'Any Gaudí. Un cop passat l'avís als alumnes, i després d'uns moments d'alarma i confusió, les mares es van rebel·lar. Què carai vol dir, disfressar-se d'any Gaudí? Vestir-se de drac, de llangardaix o fer una trencadissa amb cartolines i bosses d'escombraries? Gairebé s'amotinen. Com que el professorat tampoc no acabava de concretar aquesta idea, val a dir-ho, una mica peregrina, la proposta es va resoldre aviat per la via ràpida. Una mare més llesta que llarga va trobar la solució. El dia que celebràvem el carnestoltes, desenes de turistes japonesos de totes les mides i sexes es passejaven en una cercavila colorista, vestits amb camises florejades, sandàlies, un toc de llapis negre a les comissures dels ulls, càmera fotogràfica penjant del coll i somriure inquietant, pel pati del centre i pels carrers del barri.

En altres casos, més voluntariosos, els alumnes han posat a prova el seu enginy i s'han disfressat de xemeneia de la Pedrera, de cargol impossible o bé han intentat assemblar-se al personatge passejant amb barba, barret de copa i posat de pesar figues. Fins i tot n'hi ha que han intentat copiar una de les torres de la Sagrada Família.

Han resistit xerrades, conferències, itineraris comentats, treballs monogràfics, crèdits de síntesi, lectures de poemes i documentals, i al final, després d'haver sobreviscut a l'experiència, han expressat els seus sentiments amb contundència i claredat, tal com recollia no fa gaire una columnista d'*El País*, escrivint a la paret de l'institut la seva disconformitat en aquests termes: «PUTO GAUDÍ!»

Home, sweet home

Ell vesteix texans un pèl esfilagarsats, bufanda negra llarga fins als genolls rematada per una orgullosa senyera i camisa model llenyataire del Quebec (així fa joc amb la bufanda). Ella llueix cabellera arrissada model Boney-M –variant raça blanca– i vestit llarg amb un florejat impossible de factura hindú. Du penjats del coll un munt de collarets simbolicoreligiososalternatius que n'hi hauria prou per invocar tots els esperits, dimonis, fades i follets d'aquest globus nostre i conjurar-los per tenir-los de cara, que sempre és millor que tenir-los de cul. Progres sí, idiotes no.

Aquest parell de joves exemplars, fruit d'un temps i d'un país, són els mateixos que, anys després, havent superat o no unes oposicions, carregats de les millors intencions i d'un ànim incombustible, aparcaran les manies –que no són poques ni menors–, deixaran de banda els més íntims prejudicis i participaran en un concurs televisiu per tal de poder finançar el viatge de fi d'etapa dels seus alumnes.

Temps enrere, els viatges de fi de curs no tenien tanta volada com els d'ara. Anar a Mallorca ja era tot un esdeveniment, i això que hi havia visita inclosa a la inoblidable fàbrica de perles Majorica, on tots els alumnes arrossegaven la llengua i la son, preguntant-se què se'ls havia perdut allà dins en lloc d'estar-se torrant a la platja de l'Arenal o planxant l'orella al llit de l'hotel. Es visitaven les destil·leries, com si fos educatiu anar tastant i ensumant els diferents nèctars d'alta graduació que després compraves per portar a casa si arribaven les peles.

En plena era de la globalització, anar a Mallorca seria demostrar una certa manca d'ambició. Les fronteres s'eixamplen, els nostres cadells es preparen des de joves per assolir fites més altes, arriba el moment de posar a prova el seu nivell d'anglès. No poden desaprofitar el seu talent, cal que experimentin abans que la globalització s'ho empassi tot: idiomes, política, economia... i habitacions d'hotel. És ara o no serà mai.

I és clar, el canvi de destinació d'aquest viatge iniciàtic ha comportat una important transformació en les formes d'obtenir el finançament: qui no recorda amb enyorança aquells petits paperets de colors –encara no se'n deia paper reciclat, era paper de drapaire– on s'imprimien tres xifres negres sobre color rosa o verd catxumbo? Tres xifres que havien de coincidir amb els tres darrers números del sorteig de l'ONCE per donar dret a una panera meravellosa el contingut de la qual els alumnes s'estalviaven d'enumerar, per si de cas. Ens atreviríem a afirmar que aquells talonaris infinits van ser el precedent del premi virtual. La panera no s'omplia si ningú la reclamava. L'economia familiar flaquejava i era bàsic autoabastir-se. Qui era el valent que informava els pares que havien de comprar una ampolla de cava per a la panera de l'Institut! Eren temps difícils i l'atur no perdonava. La setmana a Mallorca podia acabar en un dia a Castelldefels. «I va que xuta.»

«¡España va bien!», diuen. Molts dels pares dels adolescents que arriben a les aules dels instituts públics –no pas tots evidentment– han millorat substancialment els seus ingressos i no és gaire probable que deixin els seus fills penjats sense viatge. Però, tot i així, ja ho deia l'historiador, les mentalitats són estructures de llarga durada i no se'n poden esperar miracles. Continuen les rifes, convenientment adaptades als nous temps. Avui dia, les agències de viatges que s'encarreguen d'organitzar les sortides de fi de curs són les que preparen les butlletes per als sorteigs. No es tracta ja de paneres enlluernadores. Per recaptar diners per a «el viatge» sovint es sorteja un altre viatge la destinació del qual depèn del valor de la papereta que has adquirit.

Si abans professors, bidells, personal administratiu de l'Institut, veïns, comerciants i humanitat sencera de les proximitats d'un centre docent havia de fer veritables cabrioles per evitar l'embat dels estudiants a la recerca de recursos, sempre en parella, com la «benemérita», ara són els pares qui, majoritàriament, pateixen les conseqüències que els seus fills –que van camí de fer-se adults– vulguin guanyar per ells mateixos els diners necessaris.

Arriba a casa l'adolescent en qüestió carregat de talonaris. És clar, n'ha agafat molts perquè com més n'agafi més diners guanyarà. Tot seguit mostra un interès sobtat pel lloc de treball dels seus progenitors, pel d'algun germà gran i, si s'escau, fins i tot pel de la tieta, la veïna, o qui sigui que es posi a tret. Un explica la cadena de muntatge on es guanya les garrofes, l'altra l'oficina de l'empresa on passa les hores voltada de gent, el de més enllà es desfoga enumerant un per un tots els membres del seu equip de futbolsala. L'adolescent, arrossegat per un sobtat esperit matematicomercantil, calcula mentalment i es dedica a repartir els seus talonaris entre els familiars: és clar, ell no té temps i la gent que coneix està ocupada endinyant butlletes a tort i a dret. Són faves comptades, la parentela del candidat a viatger ja pot posar en pràctica la noble tasca de perdre les amistats a cops de rifa. No poden fer quedar malament l'estudiant davant de la resta de companys de curs que fan exactament igual com ell, o sigui, un xantatge descarat.

Temps enrere alguns joves en procés d'iniciació posaven una paradeta a la porta de l'escola. La paradeta estava formada, bàsicament, per tota mena d'artilugis atropellats provinents de la casa de cadascú, de manera que s'acabava convertint en un intercanvi de trastos vells. D'altres, més dotats per a les manualitats, intentaven vendre arracades, punts de llibre, collarets... Els beneficis es repartien a parts iguals entre tots els implicats.

A hores d'ara, dels trastos vells s'ha passat a la venda de polvorons per Nadal i a les típiques roses vermelles per Sant Jordi. Es rifa un cap de setmana a la neu, una mountain bike, una minicadena o un viatge a Mallorca per a dues persones.

Cada cop és més difícil trobar professors voluntaris per acompanyar la tropa de viatge. Els adolescents, que no són rucs, ho saben. És fàcil detectar, estratègicament distribuïts en grupets i per afinitats, nois i noies atacant per tots els flancs els profes més joves, més inexperts, els *pardillos* que encara s'ho empassen tot. Els afalaguen amb aquella cançoneta que sona tan bé i que diu:

«És que tu ets el més enrotllat, tu t'ho muntes bé i tens més marxa, amb tu ens ho passarem molt millor, perquè amb el tal –llegiu-hi el gat vell– serà un pal i ens passarem el dia tancats en un museu, haurem d'anar a dormir d'hora, etc.»

Després de setze hores d'autocar i de passar-te despert les primeres quaranta-vuit hores s'han de tenir poders per aguantar el tipus amb dignitat. La sensació que tard o d'hora us faran desallotjar l'hotel i et trobaràs amb cinquanta adolescents en pijama i les corresponents tres maletes per càpita al bell mig del carrer, no t'abandona mai.

No pots deixar de preguntar-te per quins set sous han anat a petar a ciutats tan rutilants com París, Brussel·les, o Roma, si tots els estudiants es deleixen per quedar-se a l'habitació de l'hotel i per visitar, com a molt, els paisatges convencionals que decoren les parets dels passadissos. L'estat emocional del professorat durant el viatge és molt precari, tot s'ha de dir. Les queixes t'arriben a tota hora i de totes bandes. Els veïns de les habitacions properes, i especialment els del pis de sota, acaben convençuts que s'han inaugurat les olimpíades nocturnes i que toparan en qualsevol moment amb el guanyador de salt sense perxa.

Coneixem un cas, molt i molt proper, d'una professora que, alertada pels brams, els xiscles i les rialles que omplien el passadís a les tres de la matinada, va acabar sortint feta una fúria de l'habitació sense haver pogut encara aclucar l'ull, amb pijama i sense les ulleres ni les lents de contacte; i va acabar etzibant una esbroncada descomunal i políticament del tot incorrecta al primer que se li va posar al davant, que no era altre que el recepcionista de l'hotel, que venia *in person* a comunicar un ultimàtum: «O callen i dormen o els poso al carrer.»

¿Com és que, com cada any, hem oblidat d'incloure una partida de diners per restituir tot allò que perden, s'emporten sense avisar, gasten i es descuiden als llocs més diversos? És una incògnita. Prou que se sap, que tant ells com elles, no contents d'haver perdut les claus de les habitacions, també perden les de reserva, que pretenen tenir nevera-bar a l'habitació per saquejar totes les begudes sense pensar que allò no és un regal del consolat i s'han de pagar abans d'abandonar l'hotel, etc... Aleshores, t'agafen tots els mals. Merda!, d'on traiem la pasta si ells afirmen que no tenen ja ni un maleït euro?

S'ha de ser molt jove per trobar algun encant a certs hotels estrangers de preu mòdic. Pretenen conèixer a consciència els passadissos, estudiar el tipus d'emmoquetat, corroborar l'elasticitat de tots els matalassos i dels somiers corresponents i gaudir de la vista a una paret de maons que pot albirar-se des de totes les finestres. Esperen trobar el decorat de les pel·lis americanes: habitacions amb televisor connectat al satèl·lit per poder veure *Cine de barrio* o qualsevol altre producte de la inigualable programació del canal internacional de TVE, si no han aconseguit abans trobar l'emissió d'alguna pel·li porno –tant se val que s'emeti en el dialecte de la Pomerània–, un meravellós bidet a joc amb banyera i *jacuzzi* per relaxar els seus músculs després de les llargues caminades pels museus a què són sotmesos pels seus professors; i un llarg etcètera de luxes que –ells encara no ho saben– no es paguen venent polvorons.

El contacte cultural, és ben sabut, sovint comença per l'estómac. A casa nostra es menja bé. Els nostres alumnes, orgullosos d'aquesta qualitat indiscutible de la nostra gastronomia, i ambaixadors eficaços de la cuina mediterrània i –ningú no és perfecte– del *fast food*, poden muntar un escàndol si en lloc de pa amb tomàquet els serveixen pa amb mantega. És inútil escarrassar-se explicant la proliferació de vaques i l'excés de productes lactis als països de l'Europa central així com l'escassetat de productes de l'horta. No cal fer referència al clima advers, als preus elevats o a la tradició: no ho entenen. Defensen, i hi estan tots d'acord, que és molt millor La Piara tapa negra que el *Paté* més refinat. A qui se li pot acudir comparar un *Camembert* a la delícia viscosa d'un *El Caserío?* I, a veure, per què no serveixen tallats *comme il faut*? ¿Qui els pot explicar per què la *cuisine* francesa, *nouvelle* o no, no és capaç de fer uns ous ferrats com Déu mana, o uns arrebossats tan cruixents com els dels productes precongelats que mengen a casa, o uns espaguetis com els de la mare, o una paella ben gustosa, o... ? Per això, si tenen el dia lliure i necessites trobar-los, no ho dubtis, vés-te'n al *Mac Donald* més proper.

El moment de sortir al carrer i recórrer la ciutat sol ser corprenedor. No hi ha déu que els desperti al matí. Tanta corredissa i investigació nocturna els ha immunitzat contra els cops a la porta dels professors que esperen, ingenus, fer alguna cosa de profit. Entendreix comprovar com, després d'haver seguit un crèdit de geografia on han après a orientar-se amb brúixola, són incapaços de desplaçar-se per la ciutat amb l'ajut d'un plànol o d'interpretar un senzill esquema de metro.

T'agrada tant París i tens tantes ganes de tornar al Louvre! Fins i tot pot ser divertit ensenyar-los la ciutat, de ben segur que al·lucinen *berberetxos* amb la Torre Eiffel i que flipen amb el Louvre, el mercat de les puces o el Trocadero. Unes quantes instruccions prou clares, quatre normes, i si pinta malament uns quants crits ben donats. Mai hauries pogut imaginar que creuaries el Louvre en poc més d'una hora i que en sortiries amb els nervis crispats i la certesa que el museu que tant et va meravellar mai no tornarà a ser el mateix. Abans d'entrar-hi, has instruït els teus minyons sobre com s'han de comportar dins d'un museu. No has volgut deixar res a la improvisació i, evidentment, no has confiat ni un moment en el seu sentit comú. Has explicat les sales que visitarien i el valor històric i artístic de les peces més notables. Però un mai no està prou preparat, mai té prou experiència. Encara et fas creus quan sents el següent comentari davant de la Venus de Milo, una peça per la qual sents debilitat: «Jo no ho entenc. Si hi havia dones senceres com pot ser que se li acudeixi a ningú fixar-se en una que no té ni braços... S'ha de ser gilipollas!»

Es podrien estalviar molts diners en enquestes electorals si es fes cas de la veu dels *magisters.* Que les eleccions al Parlament europeu tenen poca transcendència per als ciutadans de l'estat no és cap secret. Nosaltres ja ho sabíem. Que ens ho preguntin. Qui no ha portat els seus adolescents a una recepció a la seu del Parlament a Estrasburg no pot saber les onades d'entusiasme que desvetlla en els futurs votants. Quan no fa més de deu minuts que estan còmodament asseguts a les butaques, els seus caparrons, col·lapsats per l'excés d'informació i vençuts per la son acumulada, no poden ferhi més, oscil·len. Els seus circuits neuronals, espessos després de tantes nits de no dormir, es veuen sobrepassats per l'excés de dialèctica i cauen, tant sí com no, endormiscats sobre les taules. Ja tindrà sort l'afortunat cap de grup si els roncs no superen en decibels el discurs de benvinguda.

Si us trobeu mai un grup d'estudiants de vacances i veieu les cares dels professors lleugerament relaxades, si hi podeu endevinar fins i tot un rictus semblant a un somriure tímid, si noteu que caminen de pressa però alleugerits, no ho dubteu: el viatge s'acaba i estan perseguint criatures obsedides per trobar *souvenirs* per a tota la família, els veïns, els amics del carrer i fins i tot els animals domèstics que els fan de mascota. On s'és vist anar a París i tornar sense cap detallet per a la tortuga mediterrània que es cruspeix l'enciam sota la cortina del menjador de casa? És inútil pretendre que tornin sense un petit obsequi per al seu gos, ni que sigui una llauneta d'aquest *Foie* que tant agrada als francesos.

La tornada és ben bé com el viatge dels croats camí de casa. La sensació, semblant a la que devien tenir quan trepitjaven terra coneguda anys després d'haver marxat cap a Jerusalem. Ens imaginem aquells homes cepats marxant amb el cap ben alt i coberts de ferralla, cantant a tot cor les misses, oracions i cançons de gesta que els van fer famosos; i tornant anys més tard sense ferros, amb barbes llargues i llardoses, adolorits, capcots i silenciosos com si caminessin de puntetes. Els nostres alumnes els volen emular, i ja us podeu ben creure que ho aconsegueixen.

Per això, les anades són sempre tumultuoses i sorollosament esgotadores: canten a cor amb tota la potència dels seus pulmons joves, entaforen a la ràdio de l'autocar les músiques més escandaloses que es pugui imaginar –els partidaris d'un estil musical es barallen sistemàticament amb els simpatitzants d'un altre– i es parlen entre ells bramant com si els separessin quilòmetres i quilòmetres. Tot l'autocar és un clam. Durant el viatge de retorn, però, l'autocar sembla un camp de batalla després del pas d'Anníbal i de tots els seus elefants un per un: bosses pertot arreu, trossos d'entrepà que sembren els seients, i llaunes de beguda que es reprodueixen per generació espontània. Tot de nois i noies ronquen estirats, descansen exhausts i silenciosos. No se senten veus ni murmuris, només les rítmiques respiracions de qui se sap invicte i de qui guarda, en alguna butxaca dels pantalons, l'adreça d'aquella noia que creu haver conquerit a París i amb la qual se sent unit *in æternum* per un amor sense fronteres que trigarà poques setmanes a oblidar.

La família espera pacientment i es desplega com un eixam ben organitzat al voltant de l'autocar quan ens aturem davant de l'institut. Abraçades, petons, benvingudes, i la pregunta indefugible que els pares han covat des del dia que van vendre el primer número de la rifa al seu company de feina:

–I què, que t'ha semblat París?

–Pssss, res de l'altre món, no creguis.

Resposta displicent, ben encaixada per un pare convençut que el món va tan de pressa que els seus fills ja ho saben tot.

–I Roma, què t'ha semblat Roma?

–Home, què vols que et digui. Tot cau. És tot tan antic i hi ha tantes ruïnes...

No cal, però, anar tan lluny, per saber en què consisteix allò tan suat de viure perillosament. El que us explicarem tot seguit s'esdevingué durant una sortida extraescolar organitzada per un IES al Canal Olímpic. El dia era bo, les condicions immillorables, els alumnes, els mateixos de sempre. Després d'haver practicat el piragüisme amb les immersions voluntàries i involuntàries habituals, d'haver fet tir amb arc i d'haver dinat un entrepà al sol, alguns alumnes opten per llogar uns cotxets impulsats a pedals amb els quals es pot recórrer un circuit que envolta el Canal. «*Carpe diem*», pensen resignats els professors acompanyants, que no observen cap risc evident a pedalar desaforadament durant una estona. Imagineuvos l'astorament i l'espant dels professors responsables que vetllen per la seguretat dels alumnes quan observen un grup de nois que, pedalant com si fugissin de l'infern, abandonen les instal·lacions amb el propòsit de tornar a casa enfilant l'autovia de Castelldefels al volant del rudimentari *kart* a pedals com si es tractés d'un modern troncomòbil.

Alea jacta est

Arribat el mes de juny és preceptiu posar notes. Abans de col·locar-te davant l'ordinador per tal de qualificar has de corregir controls i més controls, revisar quaderns i esmenar treballs fins al punt que línies, lletres i números es belluguen, ballen i no paren quiets. En aquest estat, en què et costa saber què és el que estàs llegint, et veus obligada a tirar de cafeïna fins que et sembla que mai més a la vida podràs tancar els ulls. Si al llarg del curs has pogut resoldre satisfactòriament l'enutjós assumpte de decidir les qualificacions que els teus alumnes mereixen en els apartats de continguts, procediments i valors i has fet servir els teus coneixements de matemàtica avançada per arribar a una xifra màgica, resum de tot un trimestre, al juny cal quadrar el cercle.

Cal saber si l'alumne s'ha esforçat, si ha progressat respecte al punt de partida, si ha assistit habitualment a classe, si el seu comportament ha estat correcte i, el que resulta més difícil, determinar en funció de totes aquestes variables si és globalment mereixedor d'un bé o pot donar gràcies i –metafòricament parlant– besar el terra que trepitges si li adjudiques un suficient. És un embolic de dimensions colossals en el qual, afortunadament per a tots, s'acaba imposant el sentit comú.

Durant els primers anys de l'actual Reforma Educativa els alumnes no podien repetir curs, començaven a primer i acabaven a quart. La norma era aquesta, i peti qui peti cursaven un curs rere l'altre. Alguns ho feien amb la sensació del que baixa per un tobogan: cara de velocitat, fenomenal garbuix al cervell, cridòria i poc temps per pensar. No resultava fàcil creure que, encara que no fessis mai res ni demostressis el més mínim interès i et dediquessis, un dia sí i un altre també, a ratllar la taula amb la punta del compàs o a enviar notes insultants a la noia que segons el teu parer «està més bona» de la classe, el proper curs et trobaries amb els teus col·legues cursant tercer o quart d'ESO. Fins i tot podies dedicar-te a molestar els companys o fer la vida impossible al profe, que «per això cobra una pasta». Com a molt et sancionaven amb un parell de dies a casa per «planxar l'orella» i mirar de no estressar-te.

Podem assegurar, tot i que costi de creure, que més d'un pare ha visitat el tutor amb l'enfilall d'insuficients del seu fill a la mà incapaç de creure que l'indolent xicot passava de curs. Amb una cara d'estupefacció molt més eloqüent que les paraules, suggeria que al noi en qüestió potser li convenia una repetició. Molts han marxat cap a casa amb el cap cot i una demolidora sensació de perplexitat comparable a la que experimenta Astèrix davant de les desorientades legions romanes. Aquesta línia d'actuació ha començat a corregir-se en molts instituts, que autoritzen la repetició d'aquells alumnes que previsiblement aprofitaran una segona oportunitat.

Si has estat professor del darrer curs, quart d'ESO, la cosa es complica encara més. Arribat el mes de juny no només cal qualificar tot allò que resulta susceptible de ser avaluat, sinó que cal decidir, seguint uns criteris més aviat confusos, si l'alumne mereix obtenir el títol acreditatiu de l'etapa, el Graduat en ESO. La decisió no és fàcil i la prenen tots els professors del grup, que al voltant d'una taula i durant hores manifesten la seva opinió respecte a cada alumne. Alguns no plantegen cap problema, ja que han demostrat un progrés evident. D'altres, però, són objecte d'exhaustives, agres i inacabables reflexions.

El professor de Matemàtiques creu que l'alumne necessàriament ha de saber resoldre equacions, els de català i castellà exigeixen rigor i manifesten que les faltes d'ortografia bàsiques no es poden passar per alt, el de Socials es queixa que el xicot no domina el lèxic i no diferencia una monarquia d'una república, mentre que el d'Educació Física assenyala que l'alumne, que a classe d'Anglès no porta ni el material, és molt elàstic i està molt motivat. La professora de Ciències Naturals apunta que l'alumne que ens ocupa no diferenciaria l'ou de la castanya, però la de Visual i Plàstica opina que té traça i facilitat per al dibuix, mentre que la de Música afegeix que el va enxampar intentant tocar la flauta a rots.

No resulta fàcil, i molt sovint s'acorda concedir el graduat a alumnes que han aprofitat ben poc el seu pas per l'IES, però cal tenir present que sense aquest títol, que els obre les portes del Batxillerat i dels Cicles Formatius de Grau Mitjà, les expectatives de feina i les possibilitats de formació en un futur són gairebé inexistents.

I els professors, que no tenim el do de la infal·libilitat, tampoc no els volem pas cap mal, a aquesta canalla tan moguda que s'entesta a fernos envellir a tota pastilla.

Allegro con moto

Per haver acabat l'ESO amb èxit alguns alumnes no només obtenen un document acreditatiu, sinó que, com a agraïment, com a premi per haver fet el que havien de fer –i no és res d'extraordinari–, reben el regal que han perseguit al llarg de tota l'etapa: una moto. Els més espavilats ho aconsegueixen abans, no com a premi, sinó com a estímul per continuar escalfant la cadira. Tant és si viuen, a tot estirar, a cinc minuts de l'institut.

«Li feia tanta il·lusió!», comenten algunes mares que sospiten que alguna cosa no va bé.

«Però no pateixi, que si no estudia l'hi traurem», assegura amb poc convenciment davant de la mirada un xic escèptica de la professora, que està tipa d'exigir que porti els llibres a classe, que els obri i que faci el favor de treure el casc del damunt de la taula.

Aquesta estratègia, que s'emmarca en el més pur conductivisme, no és nova; ben al contrari, té més anys que anar a peu. Molts recordareu que Don Pantuflo seguia un procediment molt semblant amb els seus inefables fills, que d'aquesta manera mai aconseguien completar la bicicleta. Tot i que com a recurs pedagògic no sembla del tot dolent, els resultats, si hem de jutjar per les tires còmiques, eren una concatenació de desastres. Això sí, la il·lusió romania intacta, possiblement enfortida pels múltiples desenganys.

La societat de consum que ens asfixia i l'augment del poder adquisitiu de les famílies fa que les motos que els pares confien a mans dels fills siguin artilugis d'una peça, ben lluents, espetegants i sorollosos i que vagin acompanyades sempre dels casc pertinent, homologat i reglamentari. Aquests mateixos pares i mares poc després eleven el crit al cel i es penedeixen un i mil cops quan contemplen com el seu fill o la seva filla els passa davant dels nassos com una exhalació.

Altres, menys ambiciosos o simplement més realistes, demanen una videoconsola, els calés necessaris per al viatge de fi de curs, una bici o unes esportives especialment cares. Alguns formulen un desig que sona a orelles dels pares com música celestial: «Vull un ordinador.»

El pare o la mare, que ja reconeixen en el seu fill un geni de la informàtica en potència, no dubten i acaben amb el millor ordinador de la botiga i amb un carregament de CDs que contenen els jocs cibernètics més guais i que els ocuparan tardes senceres. En acabar el curs el noi o la noia seran experts navegadors, jugadors de primera i hauran ampliat el seu cercle d'amistats gràcies als xats. La factura del telèfon se'n veurà, no cal dir-ho, sensiblement afectada.

N'hi ha que formulen desitjos, si més no, sorprenents. Una noia demanava als seus pares, a canvi d'obtenir l'acreditació, ni més ni menys que una... liposucció.

Molts dels nostres alumnes, ànimes càndides, contemplen com companys que no han fet res al llarg del curs que no sigui treure de polleguera el profe de torn, s'exhibeixen com paons i conviden a pujar a les anques del seu vehicle les noies més sol·licitades de l'institut, que es deleixen per fer un volt per les proximitats amb el casc penjant com si es tractés d'un cistell de pomes; mentre les seves amigues, probablement menys vistoses, coven l'enveja més desaforada.

«És una injustícia», expliquen amb la veu trencada tal com ho faria el recordat Calimero de la queixa sempre a flor de llavis...

I no s'equivoquen, ho és.

Per Sant Pere, tots a casa

A finals de maig, acompanyis o no els alumnes al seu viatge de fi de curs, la sensació que et domina és que si això dura molt més t'hauran de recollir amb una pala. Penses que no pots més, que has arribat al límit de les teves forces i que no podràs arribar a Sant Pere, festivitat que a un IES marca el final de debò del curs escolar.

Dorms poc i malament, i arribes a casa amb un munt de treballs i de controls que han d'estar corregits per demà mateix. I quan ja s'acosta el mes de juny, et fallen peus, cames i concentració, i estàs a punt de defallir, comences a sentir les primeres veus acusatòries, les ja tradicionals i mal documentades comparacions amb altres països: «A França acaben més tard», o bé: «A Alemanya només tenen un mes de vacances. Després diuen que som europeus...»

A la ràdio, a la premsa, a l'ambulatori o al súper, al replà de la teva escala, la gent manifesta la seva disconformitat amb el fet que professors i alumnes comencin les vacances a finals de juny. Greuge comparatiu, conflictes continuats amb els fills que es passen tot el dia fent el dropo... Homes i dones es lamenten, i tu, que estàs marcant al calendari els dies que queden, no goses dir a la cua del peix que necessites les vacances com l'aire que respires. Abaixes el cap i pregues que la peixatera, que et coneix, no obri la boca. Acabes de decidir que si ho fa perdrà una bona clienta.

Tampoc les vacances són garantia de descans i de distanciament. No ho van ser per a la professora que va decidir perdre's durant l'estiu i recalar en una platja solitària i nudista i que, de cop i volta, es va trobar davant seu tres alumnes de sexe masculí en banyador saludant-la efusivament i donant-li la conversa que li havien escamotejat durant tot el curs. Mentre els alumnes la contemplaven apreciativament i intercanviaven cops de colze, la professora desitjava fondre's. Hi ha professions de les quals costa distanciar-se i ens consta que aquesta n'és una.

És relativament habitual trobar-se un alumne comprant al centre comercial o un exalumne servint copes en un *xiringuito* o fent de discjoquei, però és especialment freqüent quan per fi arriben les vacances. Un company, professor de matemàtiques, que estava a punt de fer el viatge de la seva vida a Egipte, es presenta al taulell de facturació d'una companyia aèria i contempla astorat que qui li agafa la maleta per embarcar-la és un alumne del curs passat al qual va suspendre un crèdit amb un 4,70 perquè estava convençut que podia donar molt més de si.

«Què, de viatge?», pregunta l'alumne, que l'ha reconegut immediatament malgrat les bermudes color sorra del desert.

El professor, lívid, es prepara mentalment per passar deu dies amb el que porta posat i es fa la idea que no recuperarà les maletes, que, després d'haver fet un volt pel Senegal, acabaran per arribar a Egipte quan ell sigui de tornada al seu pis de l'Eixample.

Les vacances serveixen, en definitiva, per encarar amb dignitat el curs proper. Les xifres canten –fracàs escolar en augment, alumnes nouvinguts *in crescendo*, precària valoració social del professorat.

O molt ens equivoquem, o el curs vinent no serà millor que el passat. Esperem, però, continuar trobant-hi la gràcia.

Epíleg

Hi ha gent que espera tota una vida l'oportunitat de poder dir a un taxista amb el to de qui està a punt de salvar el món de les urpes d'una colla de malvats: «Segueixi aquell cotxe!» N'hi ha d'altres que somien poder entrar en un bar amb les mans a les butxaques i el cigarret penjant d'uns llavis entreoberts i amb un gest d'enteniment mutu, d'íntima complicitat amb el barman, ordenar-li mentalment: «Posa'm allò que tu i jo sabem.»

Alguns gamarussos perden el cul per poder etzibar a la rossa espaterrant del bar un: «foc?», just en el moment en què ella treu un cigarret i se'l du als llavis. Coneixem homes i dones que donarien el que tenen i el que no tenen per sortir a la tele a dir qualsevol rucada.

Nosaltres, filles del nostre temps, hem espomerçat més d'un centenar de pàgines per poder acomiadar-nos de vosaltres fent servir una frase real, pronunciada al bell mig d'un passadís i emprada amb resultats satisfactoris per un xicot que pretenia arrossegar un company reticent. Creiem arribat el moment i tenim l'al·locució justa:

«Vámonos, que es gerundio.»

Índex